法科大学院はどうなる

若手弁護士の声

渡部容子・永山茂樹・立松彰［編著］
青年法律家協会弁護士学者合同部会［編］

花伝社

法科大学院はどうなる——若手弁護士の声◆目次

はじめに　原　和良　4
第一章　給費制をなくさないで！
——法科大学院世代が体験したこと　渡部　容子　5
第二章　若手弁護士の声
法曹という「人」を育てる制度の再考を　東京　菊間　龍一　22
進路選択の一つとしてのロースクール制度　大阪　柳本　哲亨　26
法曹として「養成」されて感じること　東京　関本　正彦　30
未修者の視点から見たロースクール・司法試験
生活の問題　埼玉　樋川　雅一　33
経済的な視点から見たロースクール・司法修習
生活の問題　東京　舟橋　和宏　37
ロースクールでの体験　東京　大久保　修一　40
ロースクール制度に対する率直な意見と
法曹を目指す後輩のために　東京　結城　祐　43
節約の日々　大阪　安原　邦博　46
ロースクール生の青法協活動の重要性　東京　大住　広太　50
魅力あるロースクールにするために
——まずは給費制の復活から　兵庫県　大田　悠記　53
ロースクールの存続とより良い法曹養成制度の可能性　熊本　福永　紗織　57
私が弁護士になるまで　宮崎（執筆当時）　三浦　杏奈　61
法曹養成制度の現実　福岡　石井　衆介　65
誰のための法曹養成か——当事者の意見は無視されて　東京　湯山　花苗　69

法曹養成制度改革に翻弄されてみました　あいち　金井英人　71
法曹養成制度につき、本当に「改善」するべきことは、何か　三重　芦葉甫　75
給費制——未来の法曹のためにも　福岡　清田美喜　78
「六六期司法修習生」という立場　埼玉　伊藤真悟　81
ロースクールで学んだこと　福島　鈴木雅貴　84
法科大学院は、青法協の魅力を伝える重要な場　東京　青龍美和子　87
理屈抜き！　経験のみによる超私的ロースクール考　北海道　橋本祐樹　89
司法試験の今日　東京　山添拓　91
新旧の司法試験を体験して　東京　石島淳　94
法曹養成制度について思うこと　東京　竹村和也　97
学生の立場に立った制度設計を　東京　宮里民平　100
法科大学院制度の見直しを　あいち　井上健人　103
「法科大学院」を経験して　あいち　久野由詠　105
第三章　司法制度「改革」と法科大学院「改革」——法科大学院教育の現場から　永山茂樹　107
第四章　法曹養成制度の再「改革」に向けて　立松彰　124
おわりに　米倉勉　142

はじめに

青年法律家協会弁護士学者合同部会　議長　原　和良

本書は、法曹（裁判官、検察官、弁護士）を志している方や、法科大学院進学を考えているご家族、また法科大学院世代と疎遠な法曹関係者に読んでいただきたいと願って作った。もちろん、昨今の法曹界に少しでも興味をお持ちであれば、本書は次の特徴を備えており、関心に応えるものになったと自負している。現在、法科大学院制度の混乱については目にする機会がある反面、その社会的影響、つまり実際にどのような影響を法曹界や法科大学院世代に与えているかは、語られていない。

そのため本書は、法科大学院世代の体験記をあつめ全貌を明らかにすることを主眼として力を入れた。それだけでなく、法科大学院制度導入に伴う問題点の指摘とその解決の動きをまとめ、大学自治の重要性や、制度導入の歴史的視点などを加え、単なる大学運営論ではなく、当事者の立場に立った法科大学院制度・法曹養成制度を考察したものになっている。

法曹を目指す方にとって、第二章の若手弁護士の声は参考になるはずである。どのように夢をもったか、ストレスとどのように付き合ってきたのか、なまなましい話が多く、参考になると同時に厳しい現実を知ることにもなるだろう。しかし、そのつらさに耐えられる力、夢を持つ勇気も与えてくれるはずである。

法曹関係者にとっては、法科大学院の影響とこの世代の実情を広く集めたものとして、高い資料的価値を持つものになっている。一〇年後には法曹関係者の半数以上が法科大学院世代となり、本来、誰もが無関係ではいられないテーマのはずだ。法曹界のこれからのためにも、ぜひともご一読いただきたい。

第一章　給費制をなくさないで！

――法科大学院世代が体験したこと

渡部　容子

弁護士の夢を諦めた友人

私は、神奈川県横浜市で四人兄弟の二番目として生まれ育ちました。中高では学校や教師になじめず、高校には半分も通いませんでした。ニュースを見たり、学校生活を送ったりするなかで、理不尽さを感じることが多々あり、大人や社会に対する違和感がくすぶっていました。幸い、小学生の時から出演していた市民ミュージカル（憲法劇）で、正義感あふれる弁護士と出会い、中学生のとき、私も表面化しない声を代弁できる力がほしいと弁護士を志しました。

大学四年生のとき、ロー・スクール（法科大学院）が新設されました。私はこれ以上両親に経済的負担をかけさせたくないと思い、当時まだ残っていた旧司法試験での受験を検討していました。ただ、ロースクールは、「暗くて辛い旧司法試験」とは異なり、非常に魅力的な制度であるという宣伝や噂に惹かれ、母校の受験をしたところ、運よく三年間の学費全額免除での入学が許可されたため、ロースクール進学を決めました。

私には、大学一年生のときに同じクラスとなり、以後ともに勉強し、社会問題について熱く討議し、よりよい社会をつくるためにともに頑張ろうと話していた親友がいました。彼女は、大学在学中に家庭の経済状況が悪化し、生活のため、幼少の妹たちの進学のために、大学卒業後すぐに働く必要がありました。ゆえに原則として三年間、学生を続け、無職無収入の状況を続けなければならないロースクールに進学することはできないと言い、そこで私と道が分かれました。

彼女はその後、旧司法試験の受験を試みましたが、合格者数が大幅に減る中で、家事・仕事と勉強との両立も難しく、最終的には、悩み続けた結果、弁護士の夢を断念し、他業種に就職しました。彼女は、制度の変わり目に当たってしまったこと、新制度では莫大な経費と時間がかかることについて、非常に悔しがっていました。私は高い志を持ちながら、制度の不備や経済的事情により、法曹の道を諦めざるを得ない人がいるという現実に、強い憤りを感じましたし、一方で、自分が恵まれた環境を与えられたことについてある種の引け目を持ちました。

ロースクールでの苦い経験

私は大学卒業後の二〇〇五年四月、ロースクールに入学しました。当時はまだロースクールの理念に従って、いわゆる「多様な人材」が入学していました。主婦をしている方、保険会社や航空会社などの一般企業を辞めてきた方、医師や公認会計士などの他資格を持つ方、法学部以外の出身の方、女性も多く、年代も様々でした。ほとんどの方が法学の未修者でしたので、みな必死で勉強に打ち込んでいました。

ロースクールは、大学というより中学高校に近いといってもいいほど、朝から夕方まで授業で埋まっており、その合間に予習復習をしなければ「双方向授業」についていけないというカリキュラムでした。一日中勉強しても「難しい授業についていけない」と愚痴をこぼす方も多くいました。

そのため、大学時代とは異なり、学生たちはアルバイトをする時間的・精神的余裕はなく、実際に働いている方は見受けられませんでした。よって、社会人出身者は、それまでの貯蓄を取り崩し、一年間の学費約一七〇万円（中央大学の場合）、高額な書籍代、生活費を三年間支出しなければならず、その負担感は相当なものがあると感じました。

養うべき家族を抱えている方も多く、ロースクール制度は、経済的に恵まれている環境が必要であるとの実感を持ちました。毎年八〇万円～二〇〇万円もの学費を三年間納め、さらに、法曹として働き始めるまで、三年～八年分の生活費を負担できる人はごく一部に限られ、学部・修習も入れると、法曹として働くまでに、九年近くを要するシステムです。その間、収入がない状態を続けることができること自体、限定された人のみであることを痛感しました。

実際、私の友人は、予想以上の経済的負担感や過酷な生活に耐えられず、道半ばで諦めることも検討していました。また、うつ病に罹患したり、荒れた食生活・ストレスから皮膚病になったりする友人もいました。理念とは程遠いロースクールの授業やカリキュラムに怒りの矛先を向け、教授陣へたびたび抗議に行く学生もいました。そういう方々のある種の被害意識や先の見えない不安感は相当なものであり、歪みが生じていることを感じずにはいられませんでした。

その一方で、特に新卒者に多かったのですが、裕福な家庭出身者が大学時代より多くいる印象を受けました。私は、ロースクールでの三年間を経て、この制度のままでは、法曹界に経済的格差が生じてしまうのではないか、法曹界が根本的に変わってしまうのではないかという漠然とした危機感を次第に持つようになりました。

給費制がなくなったらとんでもないことが起きてしまう！

私は、三年間のロースクール生活を経て、二〇〇八年、裁判官・検察官・弁護士になるための研修を受ける「司法修習生」となり、東京配属となりました。当時は、まだ司法修習生に対して公務員と同程度の給与が支給されるという「給費制」がありました。学生時代のアルバイトを除き、私にとっては、人生初のちゃんとしたお給料でした。通帳に最高裁から給与が振り込まれたときの感動は今でも忘れません。国民の血税をいただいていることに、身が引き締まる思いがしました。私は、裁判所、検察庁、法律事務所で、とても充実した素晴らしい司法修習を一年間過ごし、司法研修所の最終試験を経て、二〇一〇年一月に弁護士となりました。

弁護士になった年の一一月から、司法修習生に対する給費制がなくなることが法律で決まっていました（裁判所法）。私は、自分や同期、後輩と接してきたこれまでの経験から、「給費制がなくなったらとても大変！」という強い危機感を持っていました。

私自身も、ロースクールで奨学金を借り、現在も毎月数万円の返済をしています。私以上に借金漬けになって、当初の希望とは異なるいわゆる「儲かる仕事」に勤しむ同期もいて悲しい気持ちも持っていました。「正義」や「人権」という金勘定でははかれない大事なものを扱うべき司法の世界で、給費制がなくなったら、この先どうなってしまうのだろう……、人材養成という最も重要な司法の根幹が揺るげば、のちに取り返しのつかない事態が訪れてしまうのではないか……私は身震いする思いを持ちました。

しかし、その危険性が世間はもちろん、司法の世界にも知られていない現状がありました。すぐに行動を起こさないとだめだ！　私はそう決意しました。

当事者が声をあげなきゃ！

私は弁護士登録直後、とある法律家団体の会合で、この問題を先輩弁護士たちに訴えました。そうしたところ、すぐに市民集会や署名運動などのアイディアをいただくことができました。私は先輩方のご支援を受けながら、行動に移していきました。二〇一〇年四月には、日本弁護士連合会も動き出し、会長を本部長とする給費制存続のための対策本部が結成されました。私も委員となり、本格的に法改正のための取り組みがスタートしました。

五月に初めて、国会議員に対する要請行動を行いました。驚くほどこの問題が知られていないことを知り、愕然としました。私は、法律の施行まで時間がないため、ローラー式で議員要請を行いましたが、その中で、とある野党の国会議員から「日弁連が要請をしていても、よくあることであまりインパクトがない。当事者が動かないと変わらない」とアドバイスをいただきました。

私はそこで給費制廃止問題の第一次的な当事者である法曹を目指す者たちが結集し、実態や制度の問題点を伝え、給費制の必要性を理解してもらう取り組みが必要だと思い、組織の立ち上げを決意しました。

なにしろ、改正法の施行までに半年しか時間がありませんでしたから、急ピッチで呼びかけ人を集め、大学生・ロースクール生・司法修習生・若手弁護士のネットワークである「ビギナーズ・ネット」を結成しました。設立集会には六〇名の方が集まってくれました。

行動あるのみ！　当事者の声が社会を変えると信じて！

一度決まった法律を改正するのはとても大変なことで、私たちは当初何から始めていいかもわかりませんでした。けれど、私たちはありとあらゆるアイディアを出し合い、すぐに行動に移していきました。わかりやすいリーフレットやチラシの配布、インターネット上での広報、国会議員への陳情、各地での記者会見、地方議会での意見書採択運動、署名あつめ、街頭での呼びかけ、議員会館前でのあいさつ運動など、トレードマークのターコイズブルーの爽やかなTシャツを着て元気に取り組みました。もうとにかくがむしゃらでした。所属していた事務所の先輩に「今日も国会か」「週の半分は東京だね」という「激励」をいただき、冷や汗が出るほどでした。けれども、今しかできない、今やらないと一生後悔するという思いでいつも新幹線に飛び乗っていました。

日弁連のみならず、全国の弁護士会や、これまで弁護士とともに様々な取り組みをしてきた市民団体、各種大型訴訟の原告団の方々、労働組合、一般市民の方々など、いろいろな方が立ち上がってくれました。市民の方々は「これまで弁護士が手弁当でともにたたかってくれた。そういう弁護士がいなくなってしまえば本当に困る」「弁護士は税金で国民が育てるべきだ」という声が多数聞かれ、弁護士の役割を再認識させられる取り組みとなりました。

給費制存続を求める署名は六七万筆集まり、何度も院内集会が開催され、全国各地での市民集会やデモが広がりました。私たちビギナーズ・ネットは、ロースクールや若手弁護士に声掛けをし、国会が開かれているときには毎日、議員会館の前で直接国会議員に呼びかけ、チラシを配る取り組みを始め、「ああ、あの青いTシャツの人たちね」と国会議員に認知してもらうまでになりました。とにかく全力、全速力でした。途中、給費制存続に否定的な最高裁や財務省から横やりが入り、頓挫しそうになり、涙を流したこともありました。

しかし、運動は身を結び、多くの人のご尽力、ご協力により、二〇一〇年一一月、給費制の一年継続の法改正を実現させました。たった一年の延期でしたが、私たちにとっては大きな大きな喜びでした。

その後は、政治の荒波もあり、東日本大震災が発生し、残念ながら貸与制へ移行してしまいました。

しかし、今も法律を改正するための動きは絶えていません。国会ではビギナーズ・ネットの存在を知っている国会議員が多数となるくらい、私たちの運動は浸透しつつあります。現在も議員要請や院内集会などを開催したり、「ベンゴマン」という漫画ブックレット（現代人文社）を作成して普及につとめるなど、取り組みを継続しています。

二〇一三年八月には、貸与制第一期の元新六五期司法修習生二一一名が「司法修習生に対する給費制廃止違憲訴訟」を全国四ヶ所の地方裁判所で提起しました。給費制の廃止は、司法修習生の権利を侵害し、憲法に違反するとして、給費制と同等の給与の支払いを求めています。二〇一四年には六六期が、二〇一五年には六七期がそれぞれ訴訟を提起し、現在、七ヶ所の裁判所に係属しています。弁護士が原告になるという珍しい裁判で、新人弁護士の後輩たちが一生懸命書面を作成しています。

六年以上の精力的な活動の結果、二〇一五年六月、ついに政府の法曹養成制度改革推進会議においても、「法務省は、最高裁判所等との連携・協力のもと、司法修習の実態、司法修習修了後相当期間を経た法曹の収入等の経済状況、司法制度全体に対する合理的な財政負担の在り方等を踏まえ、司法修習生に対する経済的支援の在り方を検討するものとする」という貸与制を前提としない司法修習生に対する給費支給の在り方が検討されることになったのです。私たちは、裁判所法改正を目指して、国会議員から賛同メッセージを集めることとし、二〇一六年一月には全国会議員の過半数から給費制復活への前向きなメッセージをいただくことができました。運動は着実に前に進んでいます。

私たちは、少しの力でも合わせれば、大きな動きになると信じて、頑張っています。

給費制とはいったい何なのか

「自分の問題ではないのに、なぜ、そんなに頑張れるのか?」

私がよく聞かれる質問です。たしかに、私自身は、すでに給費をいただき、司法修習を終えています。直接の当事者ではありません。しかし、給費制のある充実した司法修習を経験したからこそ、その意義を身に沁みて実感していますし、ロースクール、貸与制制度を身近で見てきたため、給費制廃止の弊害の深刻さに黙っているわけにはいかなくなるのです。そもそも、自分の問題ではないことで奮闘するのが弁護士の役割です。

給費制の意義については、法律家の間でも、正確に理解されていない方もいますし、それ以外の方の間では、制度そのものを知らないと思います。下記にまとめました。

「司法修習生」って？

司法試験に合格しても、法曹として現実の事件を取り扱うには、知識も経験も足りないため、合格者は、原則として「司法修習」を受けた上、「司法修習生考試」に合格しなければ、弁護士・裁判官・検察官になる資格を与えられないことになっています。このように、最高裁判所に任命され、裁判所・検察庁・弁護士事務所等で研修を行う人を「司法修習生」といいます。現在は、毎年二〇〇〇人程度います。

司法修習生は、全国各地の地方裁判所に配属され、実際の事件に接する研修を一〇ヶ月、司法研修所での座学研修を約三ヶ月行います。裁判所では、裁判の記録を検討して判決書の案を書いたり、和解案を考えたり、裁判に立ち会ったりします。検察庁では、罪を犯したと疑われている人の取調べを行い、その人を起訴するか否かにつき検察官に意見を述べ、必要な書類を作成したり捜査の指示をします。法律事務所では、法律相談の立ち合い、裁判所へ提出する書面案の作成、裁判への同行、各種会議への参加等、あらゆる弁護士業務を経験します。

司法修習生は、「公務員に準じる身分」と説明されており、平日は毎日、裁判所、検察庁、法律事務所へ登庁・出所し、フルタイムで実務研修を行います。期間中は、司法修習に専念する義務（アルバイト禁止）や、修習中に見聞きしたことを第三者に明かしてはならないという厳格な守秘義務が課されています。

こうしたことから、現在の司法修習制度が始まった一九四七年から、司法修習に専念する司法修習生の経済的生活基盤を確保するため、公務員の俸給に従って給料が支払われてきました。これが給費制です。

法曹養成制度の歴史からみる「給費制」の意義

給費制は、日本独自の歴史と意義を持っています。戦前の司法に対する痛烈な反省のもとに成り立っているのです。この点を踏まえる必要があります。

司法修習は、法曹三者のいずれになるかに関わらず、同じ修習を受けることになっています（統一修習）。しかし、第二次世界大戦以前の法曹養成制度は、異なりました。大正一一年までは、裁判官・検察官になる人と、弁護士になる人は別の試験で、前者のみ、修習中に国から給料が支払われていました（ただし、弁護士になる人には、現在の司法修習生に課せられている「修習専念義務」はなく、働きながら研修を受けることが制度上は可能でした）。

このように、戦前は、「分離修習」が採られていました。国費を投じて育てられた裁判官と検察官。他方、試験も違い、国費を投じられることなく育てられた弁護士。同じく国の司法を担う法曹であっても、このような異なる制度のもとでは、弁護士は、裁判官・検察官より、地位も能力も劣っているという「官尊民卑」の発想が存在しました。弁護士の独立性も確保されず、国民の人権は侵害されました。

戦争が終わり、日本国憲法が制定され、裁判所法が施行されました。新たな憲法により保障された国民の権利・自由の守り手となる弁護士になる人も、裁判官・検察官になる人と同様に、国が責任を持って育てるという崇高な理念のもと、法曹三者を同じ仕組みで養成する、統一修習・給費制が導入されたのです。

このように、戦前の司法制度への反省をふまえ、司法の担い手である法曹三者を等しく育てようと、統一修習制度、給費制が導入されました。その後現在に至るまで、司法修習の役割や意義は変わっていません。変えてはいけないのです。

給費制の意義とは

・社会インフラ

司法を利用するのは国民であり、司法制度の整備は社会インフラの整備です。そのため、道路や公園を整備するのと同様に、司法制度を整備することは国の責務です。しかし、弁護士は民間人だから国費を投じるのはおかしいという議論があります。しかし、前述のとおり、司法修習の始まる時点では裁判官、検察官、弁護士のいずれになるかは決まっていませんし、日本国憲法には、裁判官・検察官のみならず、弁護士もその存在が明記され、司法制度にとって必要不可欠な存在であることは明らかです。弁護士には、「在野法曹」として国民の人権を守るという立派な任務があり、司法という社会インフラを担う人材なのです。よって、弁護士を含む法曹三者を養成するのは、国の義務であり、給費制は国が果たすべき責務なのです。

私たちは、民間の自営業者である弁護士の養成に税金を使うことの意味を認識し、長期的に見れば国家に抵抗する者の確保が国家にとって有益であるとの憲法的視点を持つべきだと思います。

・生活保障

司法修習生には修習専念義務が課せられており、アルバイトは原則として禁止されています。フルタイムでの修習のため、現実的にも兼業してお金を稼ぐことは無理です。国が司法修習生に自ら稼ぐことを制限し、司法修習だけに専念しなさいと制度上求めているのですから、生活するために最低限必要な費用は国が支給すべきであり、給費の支給は、修習専念義務との関係において必須なものなのです。貸与制は、「生活保障のために借金させる」というものですが、所詮は借金です。

給費制によって、修習生は経済的な心配をしないで安心して修習に打ち込むことができるのです。

・多様な人材を確保

経済的に恵まれた環境にない人でも法曹を目指すためには、給費制という経済的保障は不可欠です。それが保障されなければ、「お金持ちしか法律家になれない社会」となり、法曹の多様性が失われ、多種多様な市民の声を代弁する人がいなくなってしまいます。ほかの職業でも多様性は必要ですが、司法は少数者の人権を守るために存在するため、経済的・社会的弱者の立場に立つ人材を確保することは存在意義に関わる重要な問題なのです。

・法曹としての使命の自覚

修習期間中、国民の皆様の税金を投じて育ててもらうことから、裁判官・検察官のみならず、民間人である弁護士になる人も、司法を担う者としての公益的・公共的使命があることを自覚させられます。人権問題、被災者支援、冤罪事件、公害・薬害事件、環境事件等への取り組みなど、弁護士の公益的・公共的活動については、多くの弁護士が手弁当で取り組んでいます。修習期間中に国費で育ててもらうことが、将来弁護士になった後、恩返しとして、公益的・公共的活動を行おうという意識につながってきました。給費制は、自らの保全を二の次にして職務上の使命を全うする職業上の規範・倫理を基礎付ける制度的な保障・担保なのです。

しかし、司法修習中に給料が支払われず、貸与制の下で多額の借金を背負うことになれば、弁護士になった後も、自分の生活で精一杯となります。多額の借金を返さなければという思いがつきまといますから、公益的・公共的活動を行う経済的・精神的余裕がなくなってしまいかねませんし、「国民の皆様に育ててもらった恩返しを」との思いも薄くなってしまいます。

修習というのは、法律家になるにあたり、誰のために仕事をしていくのかを考えなければならない時期なのだと思います。司法試験期間中のある種の内向きな思考を解放し、「自分のため」から「誰のため」に切り替わる結節点として機能してきた時期だと思うのです。修習での経験が給費に裏付けられることによって、修習生は国民に育てられているという意識を否応なしに持ちます。社会に期待されていること、営利の追求とは本質的に異なる立場にあることを自覚します。経済的、精神的に束縛され、所詮は自分で返す借金である貸与制とは根本的に異なるのです。給費制が法曹のマインドを作っています。

貸与制となった今、何が起きているのか

二〇一一年一一月より、給費制は廃止され、新第六五期司法修習生からは、裁判所が司法修習生へ生活費相当額を貸し付ける「貸与制」に変更されました。修習の内容や義務は何ら変わりないのに、給料が全額カットされるという「無給制」です。貸与制の問題点について述べます。

借金漬けで法曹スタート

以前は、司法試験に合格すれば司法修習に行けましたが、現在は、司法改革により、法曹を目指す人は原則として法科大学院に二年ないし三年間行かなければならず、時間的負担のみならず多額の経済的負担もか

かるような制度になりました。司法修習生の半数以上は、法科大学院までに奨学金を利用しているという実態があり、奨学金利用額の平均は約三五〇万円というアンケート結果があります。

そのうえ、貸与制に切り替わってしまったことにより、多くの司法修習生は、奨学金の借金に加え、さらに司法修習中の貸与金約三〇〇万円の借金を抱えた状態で、法曹としての第一歩を踏み出さなければならなくなりました。修習開始時点で、一〇〇〇万円を超える借金を背負っているという修習生も珍しくありません。異常な事態です。

さらに、司法制度改革により、弁護士の数は一〇年程度で二倍近くにまで増え、弁護士の就職難が深刻化し、新人弁護士の平均給与額は毎年下降の一途を辿っています。無事に就職できればまだいいですが、就職できないまま、いきなり一人で弁護士を始める「即独」や、法律事務所のスペースだけ借りて給料はナシという「軒弁」、就職先がなく司法修習終了後に弁護士登録しない人も激増し、毎年何百人もの人がすぐには弁護士の仕事を始められずにいます。

法曹を目指す人、若手法曹の経済的環境は悪化の一途です。「貧すれば鈍す」「衣食足りて礼節を知る」という言葉が示すとおり、国民の人権を守る公益的、公共的活動をしたくてもできないという若手弁護士が毎年着実に生まれ、増えています。

法曹志願者の激減

現在、法科大学院へ入学するには、適性試験を事前に受験する必要があるのですが、この適性試験の受験者数は年々減少しており、二〇〇三年には四万人近くだったのが、二〇一五年には三五〇〇人余りとなっています。この受験者数の変化は、法曹志願者の激減を如実に表しています。

さらに、給費制が廃止されることとなって以降、司法試験に合格しても司法修習に行かない人の数が増えています。司法修習生として約一年もの間無収入で生活すること、さらにその間に将来返せるかどうかわからない借金を背負うことを避け、公務員など他の道を選択する人が増えたのです。司法試験にせっかく合格したのに、その先の道を貸与制が断念させてしまうのです。貸与制は法曹志願者にとっていわば「トドメ」を刺してしまうのです。このような現状は、お金持ちしか法曹になれなくなっていることを示しています。

二〇一五年五月には、法科大学院の受験者数が一万人を下回ったことがマスコミ各社で大きく報道され、法曹を目指すには莫大な経済的負担がかかること、法曹を取り巻く経済状況は相当悪化していること、そのために法曹を目指せない人や法曹以外への道へ進む人が増えていることがよく知られるようになりました。

私は、この活動を通して、志を持ちながら、経済的な理由により、法曹の夢を断念してきた人たちにたくさん会ってきました。その痛切な声を聞くたび、一刻も早く、この状況を変えなければならないという思いに突き動かされています。

修習の質の変化

修習のカリキュラムは以前と変わりませんが、司法修習生の状況に大きな変化をもたらしたのが貸与制です。これは、大事な司法修習の質を変化させています。

修習生は、借金もしくは自分や親の蓄えを取り崩して修習を行っているため、なるべくお金を使わないように修習をしています。毎日の食費を削り、「栄養が足りずに頭がボーっとしてしまう」、「通勤中に倒れてしまった」、「無理な生活がたたり体調を壊してしまった」などの声が挙がっており、修習に集中できない状況となってしまう人がいます。修習を実のあるものにするために重要だとわかってはいても、書籍の購入や、遠方への交通費や研修費を支出することを躊躇してしまう、という声も多く聞かれます。

精神面でいえば、修習生からは率直な気持ちとして、「国から『毎日、修習は給費制の時と変わらずしっかり行ってください。でも、毎日の生活費や修習にかかる費用は全て自分でなんとかしなさい』と言われているようなものだ」、「国は司法に期待していないと受け取った」「国から切り捨てられた」という感覚を持つ者も多く、司法修習に意欲的に取り組めないという声が残念ながら聞かれます。

また、修習期間中は、定時に限らず司法修習に全力投球することは当然と考えられ、時間外でも様々な研修等に同行させていた指導担当弁護士も、給料がもらえず借金で生活している司法修習生を、時間外まで同行して研修させることに躊躇し、定時帰宅を促すという話もよく耳にします。裁判所が行う現地での証拠保全（労働者のタイムカードや病院のカルテ等、事件の証拠となる書類が存在する場所へ赴いて証拠を確保する手続き）や、現地での検証、検察官が夜中に行う「ガサ入れ」など、裁判所や検察庁の外で行う手続きにつき、給費制の時代は当然のように同行させてもらえましたが、貸与制のもとでは、万が一何かあった時に保険等がどうなるかわからず責任が持てない等として同行させてもらえなかったという話も複数聞かれます。

このように、給費制が廃止され、貸与制という無給制に切り替わったことにより、指導する側の司法修習生への対応に変化が出ており、給費制時代のような司法修習を受けられなくなっているという現状が生じています。司法修習の充実が阻害されています。

貸与制導入の根拠は司法の根幹を揺るがす

先述した現実の問題点以上に強調したいことは、貸与制が導入される裁判所法改正案が成立した平成一六年当時において給費制を廃止し貸与制へ切り替える根拠として挙げられていた理由、「受益者負担論」の問題点です。受益（法曹資格）を得るものが負担（費用）を負うべきであるという考え方です。当時小泉首相を筆頭に、強力に押しすすめられていた新自由主義的考え方が背景にあります。

私は、当時の国会議事録を読み、「こんな理屈は絶対に受け入れられない。司法の質を転換させる大問題だ」と気づきました。単なる修習生のお給料の問題だけじゃないということを知り、この問題に取り組むきっかけとなりました。

何度も強調するとおり、裁判官・検察官・弁護士は、この国の基本構造である三権分立の一翼たる「司法権」の担い手であり、日本国憲法にその存在が明記されている職業です。法曹資格は単なる個人の資格ではなく、この国に必要不可欠な公益的・公共的な存在としての資格なのです。そのため、司法権の担い手である法曹の卵を育てることによる受益者は、単に司法修習生というわけではなく、司法サービスの利用者である国民なのです。というより、国民でなければなりません。司法の意義を本質的に転換させてしまう受益者負担論を導入させるわけにはいきません。

さらに、当時、司法改革に伴い、司法予算への支出が増えることに対する危惧も給費制廃止の根拠として主張されました。しかし、国家予算に占める司法予算の割合は、わずか〇・三二四％にすぎません。異常な少なさです。そのうち、司法修習生への給費制を復活させるための費用は約六〇億円であり、九〇兆円規模の国家予算に占める割合は〇・〇一％未満なのです。立法、行政を監督し、少数者の人権を守り、憲法の番人をつとめるべき司法に、これほど少ない予算しか充てられていないこと自体、日本の人権状況を端的に示していると思います。国民は、自らの人権を守るため、司法予算の拡充を求めるべきです。

給費制から貸与制への変更は、統一修習制度が採用されて給費制が導入された歴史的経緯を無視するものである上、給費制の重要な意義を没却するものです。そして、この給費制廃止問題は、単に司法修習生の経済事情に関する問題にとどまらず、司法による権利保護を求める国民にとって、将来大きな不利益となってしまいかねない大問題なのです。

それでも弁護士になってほしい！

これまで述べたとおり、司法改革により、弁護士を取り巻く状況は悪化の一途をたどっています。多額の経済的・時間的負担を負うことが当然の前提となっている現制度では、前途ある有為な若者が法曹界を目指すことは賢明な選択ではなくなっています。それでも、私は社会で困っている人たちの手助けになりたいという志を持つ若い人たちに、法曹の道を選択してほしいと切に願っています。

私は、弁護士になってから、DVやモラハラなどの離婚事件、不当解雇などの労働事件、自衛隊の国民監視違憲訴訟などの弁護団事件、被災者支援に注力してきました。途中、しんどい思いをすることも多いですが、依頼者とともに悩み、考え、歩んだ先には、「生まれてきて良かった！」と思えるほどの成果があります。

この世知辛い、利己的な世の中で、誰かの人生を左右し、その幸せに直接かかわることのできる職業は多くはありません。自分の持てる人間力をいかんなく発揮でき、絶望の中にいる人の光となれる、そういう醍醐味があります。私は給費制運動をとおして、これまで弁護士と関わってきた人たちと接する機会が多くありました。弁護士という仕事がいかに国民に期待され、重大な任務を課されているかをたびたび痛感させられました。誤った改革により、法曹を取り巻く現状は変わりましたが、弁護士の役割もやりがいも何ら変わっていません。むしろ、そうした状況だからこそ、志のある人材が求められています。あたたかな共感力と想像力のある有為な方に、法曹を目指してほしいと願っています。

第二章　若手弁護士の声

法曹という「人」を育てる制度の再考を

東京　菊間　龍一

はじめに

私は千葉県出身で、都内の大規模大学に学部で四年間、ロースクールの既修者コースで二年通った後、そのまま司法試験に合格し、東京で修習を終えて弁護士（第六七期）となりました。社会人経験もなければ地方出身でもなく、何事もなく弁護士になってしまったある意味ごくごく普通のケースだと思います。

ロースクールでの生活

私のロースクールは、人数が多いため必修の授業はクラスに分けられていたのですが、それでも一クラス四〇人ほどいました。そのため、ほとんどの授業では、先生方が話されるのをノートに取りながら聞いているということが多かったです。たまに「ソクラテスメソッド」と銘打っている授業もあったのですが、せいぜい九〇分の授業のうち一、二回指されるのをやり過ごせば、あとはまた話を聞いているだけでした。仕方のないことですが、その他の授業についても、人数が多いものについては同じ状況だったと思います。

そのおかげもあってか、勉強は基本的に自分でやるものという姿勢は、周囲の人も強かったと思います。

予習あるいは復習で勉強のほとんどを済ませて、授業は自分の分からないところの確認程度。それとは別に、司法試験に向けた勉強は、自主ゼミやOB主催のゼミで基本的に行うというスタイルの人が多かったです。

ロースクール側としては、司法試験合格だけを目指す司法試験予備校とは別の存在として設けられたこともあり、その先の実務や周辺分野も見据えたカリキュラムを目指しているようですが、他方で、法曹になろうとするのであれば、司法試験はどうしても突破しなければならない関門です。ところが、特に学者の先生方には、司法試験対策なんて小手先のテクニックを教えるために教えているのではないといわんばかりに、司法試験対策を意図的に避けている様子あるいは司法試験対策を教えたいのだがあからさまに教えられないのだというジレンマをにじませながら授業を行っている先生もいて、どうにも違和感を抱くことが少なくありませんでした。

また、私のロースクールは実務科目が比較的に充実しており、事例演習形式で実務を学ぶゼミや、模擬裁判、実務家の指導のもと実際に法律相談を行い、法的対応を行うクリニック等の授業がありました。ところが、特に模擬裁判とクリニックは、準備等のために九〇分の授業以外にやるべき課題が多くなります。どうにも椅子に座って黒板を見ながら人の話を聞くのが苦手な私は、二科目履修すればいいところ、実務の演習と、民事・刑事の模擬裁判、民事・労働のクリニックとを履修していましたが、周囲の人の多くは、司法試験科目の授業を最低限履修して、三年生のころにはほとんど自習室にこもっているという人も多かったと思います。

前述したとおり、法曹になるためにはどうしても司法試験は突破しなければならない関門です。私ももし司法試験に落ちていたら、どうして実務科目なんか履修しないでもっと試験勉強をやらなかったのだろうと後悔していたかもしれません。このように、ロースクール生の目は司法試験に向き、ロースクール制度側は司法試験以外に目を向けさせようとする、非常にいびつな空気が常に漂っていました。ちなみに、私の一つ下の代では、模擬裁判の希望者が定員割れとなり、履修対象外の下級生に手伝ってもらうという非常に残念な状況でした。

司法修習での生活

修習地は東京だったので、引き続き千葉の実家から通うことができましたが、もちろん収入はないため交通費や食費等の負担はありました。実家も裕福とは程遠いものだったので貸与金を借りることも考えたのですが、大学からロースクールまで六年間奨学金を借りたうえに、予備校の学費や生活費をすべて両親から借りていたため、とても返せるか不安になり貸与を受けないことにしました。

また、集合修習の際には運よくいずみ寮に入ることができたので、集合修習中も比較的快適に過ごせました。他方で、大阪や京都等の関東以外のA班の方々は大変だったと思います。まず、修習開始時に修習地に移動し、そこでの家賃を負担し、集合修習でいずみ寮に移動し、選択修習で戻るために修習地の家賃を支払い続け、二回試験でまたいずみ寮に移動し、最後は就職地に移動する。たとえ旅費が支払われるとしても、その負担は相当大きなものだったでしょう。

ちなみに、六七期からは、給費制廃止に伴う経済的負担を緩和する趣旨も込めて、修習専念義務に反しない程度での兼業が許可制で認められることになりました。試しに、私も兼業許可を申請し、予備校での問題作成業務を行ってみました。ところが、平日は修習を行い、夜や土日にも修習の準備や課題がある中で、できる兼業はたかが知れています。ほとんど仕事をすることはできず、経済的負担の緩和には一切なりませんでした。

法曹養成制度について

ロースクールにおける司法試験を目指すべきなのに目指せない状況、司法修習における実務修習に集中したいのに短期間で移動をさせられて懐具合がどうしても気になる状況と、訳の分からないジレンマに包まれていたというのが、法曹養成課程の「当事者」としての感想です。

法曹養成制度に関する議論をたまに見ていると、合格者数は何人にして、累積合格率と修了率で割り戻してロースクール入学者を何人に制限すべきだとか、そのために補助金を削減して統廃合を促すべきだとか、目を覆いたくなる議論を目にします。つくり育てるべきは「法曹養成制度」でもなければ、需要とコストに応じて工場で生産される商品でもなく、法曹になる人であることを再確認したいものです。

現在は、何の保障もなしに長い時間と大金をかけられる人でなければ弁護士になりづらい状況だと思います。たとえ高い志を持っていたとしても、「懲役二年、罰金三〇〇万円」と揶揄されるロースクールに、迷わず飛び込めるとは思えません。果てには、自分たちの生活のために市民や依頼者を犠牲にする弁護士が生まれ、社会の弁護士に対する信頼と評価が下がれば、人に後ろ指をさされるような仕事をあえてしたいとは思わないでしょう。自分自身は、本当に運が良く弁護士になれたと思いますし、ロースクールや司法修習も楽しくはありましたので、このような記事を書くのは忍びない気もします。本当に求められる法曹が法曹になりたいと思える、そのような「人」を育てる視点から法曹養成制度が再考されればと願っています。

進路選択の一つとしてのロースクール制度

大阪　柳本　哲亨

はじめに――ロースクール進学を決めた理由

私がロースクール進学を決めた理由は、ロースクール修了が司法試験の受験資格になっていたからであるが、それはあくまで建前の話である。本音では、法学部時代に楽しいと思っていた法律の勉強をもっと深く掘り下げてみたいと考えていた。当時は、ロースクール卒だからといって必ずしも実務家になる必要はないのだから、もしも試験に落ちたら研究者になればいいと思っていた。

幻想崩壊

しかし、ロースクールに進学してまもなく、前述のような甘い考えは打ち砕かれる。

まず、法学部時代には、自分が専攻している法律の、さらに自分の好きな分野だけを研究すればよかった。しかしながら、司法試験の受験科目は選択科目を含めて七科目あり、ロースクールでは、苦手な、というよりそもそも興味のない法律分野も勉強しなければならない。これは大変に苦痛だった。

また、研究者もポストが少ない割にかなり競争率が高く、学歴が重視されることはもちろん、現在では司法試験に合格しなければ正規教員になることは難しいということも早々に知らされた。こうなっては、司法試験に合格しなければ職歴なしの期間が無駄に延びるばかりである。一般企業就職に転向するにも、ロースクールに進学した時点で「大学新卒」というステータスは消えている。私は頭を抱えた。

楽しく厳しいロースクール生活

ロースクールに来たからには、司法試験に合格しなければならない。その当たり前の事実に気付いた私は、そこそこきちんと勉強をした。私の母校である関西学院大学ロースクールは、「条文や制度の趣旨から考える」ということを一年次に徹底的に叩き込むスタイルだったため、授業の予習・復習は大変で、単位を取ることも簡単ではなかったが、根本から考えて説き起こしていく勉強は性に合っており、学ぶこと自体は楽しかった。もっとも、勉強がタイトな分、生活も乱れがちで、二年次には持病が悪化して半ば休学のような状態に陥った。結果として卒業も遅れ、周囲よりも勉強の質・量で劣っていた私は、司法試験に合格することは難しいと考えるようになった。

司法試験受験

ロースクール卒業後、すぐに一般企業に就職することも考えたが、せっかく得た受験資格を腐らせるのも勿体ないと思い、出資者（母）も許してくれたので、司法試験を受験することにした。結果は惨敗だった。一度落ちると悔しくなり、私は出資者にかけあって今一度のチャンスを得た。もっとも、三度目の司法試験受験を控えれば、ギリギリ二〇代で一般企業への就職活動が可能であったため、二度目の司法試験を最後の受験にすると決めた。

この一年間は、新たな知識を身につけることは捨て、一年次に学んだ「条文や制度の趣から考える」ということだけに注力した。仮に司法試験には合格しなくても、ロースクールで学んだリーガルマインドだけは忘れないようにしようと思っていた。試験を受け、うまく書けた手応えは全くなかったが、はたして二度目の司法試験は奇跡的に合格であった。

経済的合理性・進路選択可能性からみるロースクール制度

これまでの記述を読んで頂ければ分かって頂けるように、当時の私は基本的に向こう見ずで行き当たりばったりであり、「賢い」進路選択とは無縁であった。しかし、ここで強調しておきたいのは、経済的合理性やキャリア構築を重視すれば、後記のとおり、ロースクール進学は当然に敬遠されるという現実である。

⑴ ロースクール進学にかかる費用（入学金、学費、書籍代、生活費……）は多額である。
⑵ ロースクールに進学することは、同時に、「大学新卒」という就職活動における大きな利点を捨てることを意味する。
⑶ ロースクールを修了するには最低でも二年間かかり、卒業に必要な単位を取得するだけでも就業との両立が困難になる程度の労力を要する。
⑷ ロースクールを修了して司法試験を受けても、ここ数年の合格率は二割半ばである。
⑸ 司法試験に合格していないロースクール修了者に対し、パラリーガルを始めとする魅力的な進路が十分に用意されているわけではない（ロースクール修了だけではキャリアアップはほぼ望めない）。
⑹ 司法試験に合格したとしても、給費制の廃止、新規登録弁護士の就職難、就業条件の悪化といった厳しい現状がある。

以上のとおり、進路選択の一つとしてロースクール進学をフラットに見つめたとき、リスクは大きいがメリットはほとんどないことに気付かされる。このような進路としての魅力のなさが、現在のロースクール離れの大きな原因となっていることは想像に難くない。

おわりに

私は自分を合格まで導いてくれたロースクールの教育効果を高く評価しているため、ロースクールを完全に廃止すべきとは思わない。しかしながら、現在のロースクールを修了して司法試験を受けるという法曹登用ルートは、あまりにも魅力に乏しい。

法曹志願者の減少を食い止めるための施策として、修習生の給費制復活や新規登録弁護士に対する様々な支援などが重要であることはもちろんであるが、志願者の経済的事情やキャリア構築により配慮し、①予備試験の合格者枠をさらに拡充すること、②ロースクール修了者に対するパラリーガルを始めとする法律関連業種への就職支援を強化すること等も必要不可欠と言えそうである。

法曹として「養成」されて感じること

東京　関本　正彦

はじめに

私は、大学に入学した一九九九年の秋に司法試験の勉強を始め、紆余曲折を経て、二〇一三年に合格しました。この間、修習期間短縮、合格者数増加、いわゆる丙案導入（私も丙案対象者でした）、ロースクール発足、旧司法試験終了、給費制廃止といった出来事がありました。合格後も、年間合格者三〇〇〇人目標の撤回、短答式試験科目変更、受験回数上限変更、導入修習の開始などの出来事がありました。

このように、私が受験生をしていた期間は、まさに法曹養成制度の激変期でした。私がどのように法曹として「養成」されてきたのか（養成され損ね続けてきたのか）を率直にお伝えすることによって、近年の法曹養成制度の実情を知っていただけたら幸いです。

旧司法試験とロースクール入学

一九九九年秋、私が旧司法試験予備校に申し込んだ頃の受験勉強は、ロースクール制度によって克服しようとしていた弊害、すなわち予備校型の勉強スタイルそのものでした。とにかく多く、かつ正確な論証パターンを頭に入れて自在に吐き出せるようにすることが推奨されていたように思います。法律の勉強自体は嫌いではありませんでしたが、試験勉強は思っていた以上に辛いもので、だらだらと受験生をやっていました。こんな中途半端な人間が合格するはずもなく、焦り始めた頃、ロースクール制度が本格化しました。

両親にロースクールに行くと話したときの、父の言葉を今もよく覚えています。弁護士でもある父は、「行くなら応援するが、ロースクールという制度はこの先どうなるかわからないぞ」と言いました。その時は何とも思いませんでしたが、約五年間ロースクールで過ごした今、父の言いたかったことがわかる気がします。私は、ロースクールが何のためにあるのか、未だにはっきりと答えが出せません(私は母校が好きですし、行って良かったと思っていますが、母校は新規募集を停止し、近いうちに無くなってしまいます)。

ロースクールの実情

私は、一学年八〇人程度のロースクールの未習コースに入学しました。未習一年目の講義は虫食いでスピードが速く、体系的に一歩一歩理解を進めるという余裕はありませんでした。いわゆる純粋未修者が司法試験に合格するまでの道のりは、制度が想定しているよりも長く険しいのではないかと感じるようになりました。私のロースクールは、多様な人材を法曹にするという制度本来の趣旨を特に重視していました。学校側も、文科省等の指針に則った講義を行っていること、そうした姿勢が評価されていることを誇りにしていました。

私はこうした姿勢が嫌いではありませんでしたが、この姿勢を徹底すると、夏休み等の課外講座を除き、講義の中では試験を意識した指導を極力行わないということになります。こうした状況の中で司法試験合格者が年々減っていきました。同期の中には、ここでは合格できないと言って別のロースクールに行く人もいました。入学時八〇人いた同期は、一年目で一〇人くらい退学し、その後も減り続けて三年後には五〇人弱になっていました。留年率も高く、同期入学・同期修了は二五人くらいしかいなかったと記憶しています。

修了後、新規学生の募集停止の発表がありました。私は「うちのロースクールの合格率では廃校も仕方がない」「自分もある意味〝戦犯〟だ」と思うと同時に、文科省の視察等では評価されていたというが、結局は司法試験合格率が全てなのだなと感じました。同級生たちは「学校がこうも簡単に無くなるのか」「私た多くの学生が動揺し、ロースクールを信じてよいのか、それとも予備校中心にすべきか、迷いました。学校から言われたことだけをやればよいとは思いませんが、ちは所詮モルモットだね」と話していました。

おわりに

合格できなかった時期は、家族にとにかく申し訳ないと感じ、受験生をしているだけで迷惑をかけているという後ろめたさがありました。ですが、今年の試験でいわゆる「五振」してしまった同期が「落ちた、ごめんね」とメッセージをくれたとき、自分のことを棚に上げて「受験し続けたことは謝るようなことではない、何も悪くない」と言いたくなりました。「いまさら後には引けないが、司法試験なんか始めなければ良かった」「家族が何年も受からなくてこっちも限界だ」「恋人には試験なんてやめて就職してほしい」という人がいなくなるような仕組みを模索しなければならないと思います。

まずは経済的なハードルを下げるべきだと思いますが、大学・ロースクールの学費は高く支援も不十分で、さらに給費制も廃止されるなど、改善どころか悪化の一途を辿っています。働きながら受験することも相当難しい状況です。結局、全てが受験生（とその家族等）の自己責任とされています。

法曹になろうと志すこと自体が家族や社会から歓迎され、さらに経済的な事情などとは無関係に公平な選抜を受けられるような制度でなければ「養成」とは言えないですし、真に多様な人材を世に送り出すことはできないのではないでしょうか。少なくとも私は、運よく色々な人からのサポートを得ることができたからここまで来られただけであって、適切な制度によって「養成」されたとは感じられないのです。やはり、大学、ロースクール、受験中、修習中を通じた支援体制が必須だと思います。

未修者の視点から見たロースクール・司法試験

埼玉　樋川　雅一

はじめに――法律家を目指すまで

私からは、未修者から見たロースクール制度について、その実情の報告及び未修コースという制度に対する意見を述べさせて頂きたいと思います。

私は、大学の学部時代に国際関係論を中心に学んでいくなかで、ヨーロッパにおけるムスリム系移住労働者とその家族を一つのテーマとして、研究職を目指すこととしました。そこで、学部を卒業した後、別の大学の文学部の社会学専修課程の三年次に学士入学し、その後、大学院のイスラム学専修課程に進学しました。しかし、人文系の研究職のポストは非常に限られており、仮にこのまま博士課程まで出たとしても、就職が困難であったことや自分の研究の展望も見えにくくなっていたことから、別の途を模索せざるを得ませんでした。

その当時、ロースクール制度が発足してから数年が経過しており、未修コースでは、法学部出身者でない者でも、三年間の通学で法曹資格を手にすることができ、また、同コースは多様な人材に門戸を開いているとのふれ込みを耳にし、ロースクールに進学しました。弁護士であれば、自分の関心である移住労働者問題と関わりを持ちつつ、一応の生活もできると考えたからです。

ロースクールへ入学して

ロースクールへ入学してまず驚いたのは、未修コースといっても、法学部出身者がかなりの割合を占めていたということです。私も、最初の大学の学部時代には、教養科目として「法学」「憲法」といった科目を履修しており、憲法判例についての知識程度は持っていました。しかし、周りの人たちとの知識の差は非常に大きく、授業のたびに挫折感を味わうこととなりました。

他方で、未修コースには、様々なバックグラウンドを持つ人が集まっていました。私のクラスにも、官公庁・国際機関の職員、都市銀行・外資系投資銀行等の社員、医師、理系の研究者及びライターなど様々な経歴を持つ人たちがいました。個人的には、元の仕事を続けていればいいのにと思うこともありました。

ロースクールのカリキュラム

こうして始まったロースクールでの生活ですが、とにかく授業での課題が多く、復習にあてる時間が限られていました。授業までに、事前配布された設問に対する、自分なりの解答を用意しておく必要がありました。

特に、アメリカのロースクールに倣ったとされるソクラテスメソッドですが、実際は、生徒を順番に指名し、予め出されていた課題の答え合わせをするというものでした。唯一、ローマ法と現代民法を同時に扱うという受験にあまり関係のない授業では、（おそらく）正しいソクラテスメソッドが行われており、そのクラスだけは、息抜きになっていたのを憶えています。

また、授業でカバーする範囲も膨大でした。特に、商法に至っては、一週間に二コマの授業を半年、つまり四単位分で会社法、商法総則・商行為、手形・小切手法をカバーするというもので、到底満足な知識を身につけることはできませんでした。

しかし、そのような中でもごく一握りの未修者については、法学部出身者に劣らない知識を持ち、議論に参加していましたので、このようなことになったのは、私の努力が足りなかった面も否定できません。

受験対策について

ロースクール制度が法曹養成のための制度である以上、修了後、司法試験に合格しなければなりません。しかし、ロースクールにおいては、受験指導は禁止されており、一年次に一度だけ、民法・刑法の答案を一通ずつ書き、弁護士教員にコメントをもらえるという授業外の演習が行われたのみでした。このような状況から抜け出すために、まず知識不足を解消しようと考え、予備校が出版している書籍を何種類も購入したり、法律答案のスタイルが分からず、やはり予備校の模範答案が掲載されている書籍を購入したりと、私の学習スタイルは、迷走していきました。

結局のところ、ロースクールに受験対策を期待することはできないため、自主ゼミを組んで答練をやりつつ、予備校を利用する（通学または通信講座）というのが、受験スタイルの王道であったと思います。私自身も、ロースクールの授業や定期試験ではなく、未修者で集まって組んでいた自主ゼミの中で、ようやく法律答案の書き方を身につけました。

ロースクール制度の理念と私の現在

以上、報告してきました通り、未修者がロースクールにおいて、短期間で司法試験に合格することは制度上容易ではありません。私のロースクールでも、元々の専門分野で活躍していた人達が、進路を変えてロースクールに来たばかりに、その後の人生設計を大きく狂わせてしまったという事例がいくつもありました。とはいえ、多様な人材を法曹にするという理念については、基本的に私は賛成しています。実際にロースクールを経由することで、他分野から法曹界に参入し、社会的に意義のある活動を担っている先輩方が多くいらっしゃいます。

私が弁護士登録をして、九ヶ月以上が経ちました。私は現在、事務所の事件をなんとかこなしながら、事務所の寛大な配慮のおかげもあり、従来からの関心であった移住労働者問題について、様々な局面で関わることができています。具体的には、事務所における外国人事件の受任にくわえて、「外国人労働者弁護団」「外国人技能実習生弁連」といった弁護団での活動、埼玉弁護士会や関弁連の外国人委員会での会務、外国人を支援するNGO・NPOとの協同及び各種イベントにおける外国人向け法律相談への参加などです。私は現在、ロースクールに入学する際に描いていた、自分の将来の弁護士活動のイメージと概ね一致する活動ができていると感じています。

私は、ロースクールの未修コースに満足しています。ロースクールの未修コースは、過密なカリキュラムや受験指導の欠如など様々な問題点を抱えていますが、多様な人材を法曹界に送り込むという理念は今後も維持して欲しいと考えています。

経済的な視点から見たロースクール・司法修習生活の問題

東京　舟橋　和宏

はじめに

私は、二〇一〇年に都内のロースクールに入学し、二〇一三年九月に司法試験に合格しました。修習期は六七期で、修習地は大阪でした。今回は、私のロースクール・修習生活、法曹養成制度（特に貸与制問題）について思うところを述べさせていただきます。

経済的不安感①　ロースクール生活

私は、幸運なことに一回目の受験で司法試験に合格することができました。しかし、そうでなければ再度挑戦することをためらい、二回目以降は受験していなかったと思います。といいますのは、私の実家は江東区で小さな飲食店を営んでおり、私が大学に行くにも日本学生支援機構の奨学金を四年間借りてなんとかやりくりしたという経済状態だったからです。それに加えて、私がロースクールに行きたいと言い出したことから、その学費分を追加で借りてもいました。そのような状態であったので、外食を控えるのはもちろんのこと、勉強に必要な書籍についても、なかなか買っておきたいと言い出せないことも度々ありました。

私のロースクール生活には、司法試験に合格するのかという不安だけでなく、数百万円の借金という経済的な不安が重くのしかかっていたのです。不安は、私だけに限らないことでした。例えば、私が通っていたロースクールでも元社会人で、家族からの支援も見込めず奨学金という多額の借金を抱えて勉強していた人がいましたが、「これ以上借金を増やすことはできない」と途中で受験を断念しロースクールをやめていく人が何人もいました。それだけ経済状態の悪い学生が周りには多かったというのが率直な感想です。

金銭的な不安感は多分にあったのですが、結果的に司法試験に合格できたことも影響したのか、日本学生支援機構の奨学金は返済を免除してもらうことができました。そのため、まだなんとかなっている状態ではありますが、振り返ってみるとロースクールでは金銭的に綱渡りの生活をしていたのだと改めて思います。

経済的不安感② 修習生活

司法試験に合格した後、私は実家のある東京を離れて大阪で修習を送ることになりました。前述した経済状態でしたので、修習は東京でと考えて修習地を選んでいました。しかし、それはかないませんでした。仕方無く知り合いの不動産業者を頼って慌てて物件を探し、わずかばかり支給された十万円ほどの移転費用を利用して引越しを済ませました。当然、貸与金を借りなくては修習生活をやってはいけず、借金による生活をせざるを得ませんでした。また、貸与金が借金であるという感覚は当初から持っていましたので、可能ならば使いたくないという気持ちが強くありました。そのため、修習中から持っておいても損はないという実務でよく用いられている本を買うのをためらったことは数え切れません。お恥ずかしい話ですが、修習が終わり、弁護士バッジを得た今でもこの本を買ってもいいだろうかと迷ってしまうこともあるのです。

法曹養成の矛盾――貸与制問題

法曹養成制度改革の肝である「多様な法曹を社会に送り出す」ためには当然ながら経済的支援は欠かせないはずです。しかし、司法分野に割かれる予算は制度改革前からほとんど変わっておらず、新たな制度は貸与金という名の借金を半ば強制させるものであり、逆に経済的支援を排除するかのようにも見えます。乱暴にいえば、「法曹になりたいならば金がなくても文句を言うな」という自己責任論が振りかざされ、ただでさえ奨学金という借金にまみれたロースクール生に更なる借金を負わせ、経済的不安感をいつまでも持ちながら試験勉強や仕事に取り組むようにさせているのです。これでいい勉強や仕事ができるとは到底思えません。

修習のときは「地方に行ってよく勉強してみろ」と言われますが、前述した金銭的な不安からも実家近辺を希望する修習生は少なくないのです。そのときに思い返すのは、ある年配の先生から聞いた「余裕がなければ公益的活動なんかできない」という言葉です。その先生のいうことはその通りであり、我々は霞を食べて生きていくわけでもなく、なぜこの時代に法曹になったものだけが貸与金という三〇〇万円もの経済的負担を負わせられなければならないのでしょうか。このままでは公益的活動に取り組もうと考える人材はますます減っていくおそれがあります。合格者数が増えたから仕方ないと済ませる問題では決してありません。

さいごに

貸与制問題を指摘すると、「法曹になったらお金なんて稼げるからいいじゃないか」「自己責任だ」という意見を弁護士以外の職につく方々に限らず、弁護士の諸先輩方からも聞くこともあります。しかし、貸与制の導入にあたって当事者が納得できる議論がなされたのでしょうか。拙速な議論によって一部の人が虐げられる、これは貸与制問題だけでなく派遣法の改正などと共通する問題が含まれているのです。

二〇一五年六月、大規模な院内集会も行われ、法曹養成制度改革顧問会議において、法曹養成制度推進会議決定案が発表され、司法修習生への経済的支援が議論され始めました。この機運を逃さないためにも、ビギナーズ・ネットや給費制廃止違憲訴訟をはじめ、あらゆる活動を行っていきたいと考えています。青法協の諸先輩方におかれましては、今後とも若手弁護士のためご協力いただきますようよろしくお願いします。

ロースクールでの体験

東京　大久保　修一

はじめに――法律家を目指した経緯

私は、六七期司法修習を修了し、現在、東京支部に所属しております。今回、法曹養成制度について意見を述べる貴重な機会をいただきましたので、自身の経験を踏まえて述べさせていただきます。

突然ですが、親から最近聞かされた私の幼い頃の話を一つさせていただきます。幼稚園の発表会において、みんなで鬼の役をやることになったことがありました。そこでみんなが一生懸命鬼のお面を作るなか、私は、「悪い鬼になんか、僕は絶対になりたくない！」などと泣きながら主張し続けて周りの大人を困らせ、自分ひとりだけ正義の味方として桃太郎の役を勝ち取った（？）そうです。

私は、弁護士であった父を見て育ったためか、幼い頃から、自然と弁護士に憧れるようになりました。当時は、ただ、正義の味方である弁護士になりたいという憧れを抱いていたようです。

私の父は、私が高校一年生のときに急逝しました。私は、その後、弁護士になることを真剣に目指すようになり、高校を卒業後、私立大学の法学部を経て、同じ大学のロースクールに入学しました。

ロースクールでの体験

私がロースクールに入学したのは、二〇〇九年四月のことでした。私は法学部出身者でしたが、ロースクールで充実した学習をしたいと考え、未習コースを選択しました。私が入学した当時、未習コースの入学者数が既習コースの人数よりも圧倒的に多く、多様な人材が入学していたように感じます。法学部出身者が多かったことは事実ですが、理系等の他学部出身者、社会人経験者、他大学院を修了した人や他士業の資格を持つ人もいれば、主婦をしながら通っている人もいました。彼らから法曹を志した経緯について話を聞く機会もあり、そのたびに、自分がなぜ弁護士を目指しているのか、自分がどういう弁護士になりたいのかを考えさせられました。また、日常会話の中で、ニュースや専門分野等に話が及ぶと、それまでに学習した知識や経験した実務等を基にして、分析や解説をしてもらったり、議論したりする機会もありました。

私が在籍したロースクールには、実務を体験することができる様々なプログラムがありました。無料法律相談を行うクリニックでは、実務家教員のサポートを受けながら、実際に依頼者から聴き取りと回答を行いました。法律事務所や企業、各種団体等で数週間の研修を受けるエクスターンシップでは、人権NGOでの研修を受け、企業のCSR調査や弁護団事件の会議や期日を傍聴するなどしました。これらの活動は、いずれもロースクールを含めた各機関関係者の協力がなければ体験することができないものばかりでした。

ロースクール時代の悩みや葛藤

ロースクールに通学していたころは、みんなが大小様々な悩みや不安、葛藤を抱えながら生活していたように思います。ロースクールに進学する人たちは、みな、弁護士を含む法曹を志していますが、その一方で、新司法試験の合格率の低さや就職難の問題に不安を覚えながら、日々勉強をしていました。新司法試験の合格発表の時期になれば、今年の合格者数はどのくらいの人数だろうか、私たちのロースクールの合格率はどのくらいだろうか、将来自分たちが受けることになる新司法試験でも同数程度の合格者が見込まれるのか、自分たちの勉強方法で新司法試験に合格することができるのか、といった会話がそこかしこで日常的に行われていました。

また、新司法試験の成績とともに、ロースクール時代の成績は就職活動にも相当程度影響しますが、私たちのロースクールは進級要件が厳しいこともあって、定期試験のプレッシャーはかなり大きかったように思います。定期試験前のストレスで体調を崩してしまう人は何人もいましたし、進級することができずに司法試験の受験自体をあきらめる人もいました。同世代の友人・知人が社会人として活躍していることへの焦りや不安を覚えることもありました。私は、大学卒業後、就職することなくそのままロースクールに進学しましたが、ロースクール在学中も、学生時代の友人・知人とお互いに近況を報告しあうことが頻繁にありました。既に社会人として活躍している同世代の愚痴を聞いたり、悩みの相談を受けたりして、彼らを励ます一方で、自分が弁護士として活動し、収入を得るまで後何年かかるのか、そもそも新司法試験を突破することができるのかといったことを考えずにはいられませんでした。

ロースクールを魅力ある制度にするために

ロースクールは、新司法試験に合格する人材を養成しつつ、多様な実務・社会経験の機会を与えることも求められています。これらを両立させることは、時間制限もあり、非常に難しいことだと思います。しかし、合格者養成と多様な経験をする機会のどちらか一方でも欠けるのであれば、ロースクールの魅力は失われてしまうように感じられます。新司法試験に合格するには、予備校に通うことが現実的であると考えられ、実際にダブルスクールをしている在学生も数多くいました。しかし、ロースクールにおいても、法律家としての事例分析や法解釈の能力を養成する機会を作り、結果として新司法試験に合格する人材を養成することは十分に可能であると思います。そのためには、教職員において、学生がどこまで理解しているか、どんな疑問を持っているのかを的確に吸い上げて講義に反映させることが、重要ではないかと考えます。

ロースクール制度に対する率直な意見と法曹を目指す後輩のために

東京　結城　祐

はじめに――ロースクール制度の問題点

私は二〇〇九年にロースクールに入学しました。一年浪人の後、二〇一三年の司法試験に合格し、さいたまで分野別修習を行いました。修習期は六七期になります。最近私が関わっているビギナーズ・ネットや給費制訴訟の活動と絡めて、率直に意見を述べさせていただきます。

ロースクール制度の問題点は、本音と建前を理解することのできない一部の者によって夢を追いかけた学生が振り回されたこと、及び多くの教授陣に学生を司法試験合格レベルまで引き上げるだけの指導能力がないことだと思います。

前者に関していえば、当初三〇〇〇人合格目標といった、体のいい言葉ばかり並べられて、希望を胸にロースクールに入学する学生は非常に多かったと思います。しかしながら、現実的にはその目標が達成できないことがすぐに露呈し、しかも給費制から貸与制に切り替えられて、自分の将来に暗雲が立ち込めて強いストレスを抱える者が多数存在しました。

また、ロースクールは司法試験予備校とは一線を画するものでなくてはならないという言辞が標榜されており、それ自身は学生の思考力を涵養するという意味では非常に有意義なものではありますが、あまりにも抽象的であったため、その真に意味するところを知らぬまま深みにはまり、潜在能力を発揮することができない者も多かったように思います。さらに、アメリカのロースクール式のソクラテスメソッドが理想ということも聞いたことがありましたが、普段大学生を相手にソクラテスメソッドをしたことのない教授陣が急に生まれ変われるはずがありません。

後者に関していえば、ロースクールの教授陣は先鋭的で非常に細かい議論について説明を尽くす傾向にあったように思います。また、全く司法試験がどのような試験なのかも把握せずに、司法試験科目と関係のある内容については薄く、関係のない内容については濃く教える教授もいました。司法試験に必要な知識のみを学べばいいものではないということは重々承知しておりますが、余裕のない多くのロースクール生にとっては迫りくる司法試験受験日までに必要な知識を備えるということが第一目標となっています。

そのため、それを阻害されることは強いストレスとなりました。特に、ある科目の教授に関しては、以前よりその指導能力に疑問を呈されていたため、不安に感じていた有志の受講生で講義の進め方について意見を述べに行きましたが、その教授は今まで司法試験の問題を一度も目にしたことがないということを臆面もなく語り、我々を愕然とさせました。そして、我々は、この選択科目で司法試験に関係のある分野をわざわざ説明しましたが（その科目については、特に力を入れるべき科目を明示しております）、結局授業で我々の意見が反映されず、ご自身の得意な研究分野を中心に指導しておりました。

もちろんこのような教授陣ばかりではなく、非常に丁寧に教えて下さる教授もいらっしゃいました。そのような教授のことを今でも尊敬しております。

給費制復活に向けた動き

私は、弁護士になってから、司法修習生の給費制復活に向けて行動するようになりました。その理由は、金銭的な理由により司法試験自体を回避することがあってはならないし（金銭面で余裕のある者だけが合格する試験であってはならない）、また金銭的な不安を抱えたまま司法試験の勉強を続けることは非常に精神衛生上良くないと考えるためです。さらに言えば、先に法曹となった者として、法曹を目指す後輩達に資する必要があると考えております。

そこで、給費制復活に向けた行動の一つとしてビギナーズ・ネットに参加しています。そして、主に六〇期代の弁護士により、毎週火曜日と木曜日の朝九時に参議院議員会館前で、通行人に給費制復活を呼びかける「あいさつ運動」を続けています。また、以前よりビギナーズ・ネットで活躍しているメンバーの尽力により、先日の院内集会では、数多くの議員を集めるに至っており、給費制復活の機運が高まっているのを感じます。さらに、新たな試みも検討中であり、これからのビギナーズ・ネットの活躍に期待していただきたいと思います。また、給費制廃止違憲訴訟の全国会議へ参加しています。現在、六五期及び六六期の先生方は給費制廃止違憲訴訟を提起しており、毎月二回ほど開催される全国会議等に参加させていただいていますが、そこで繰り広げられる熱い議論に目を丸くしております。他方、六七期は、原告集めの段階から手こずり、非常に遅い出だしとなってしまいましたが、六七期についても大分が先行し、他地裁についても訴訟を提起する予定です（話し合い中）。

憲法訴訟ということもあり、なかなか道のりは険しくなるものと思いますが、皆で頭をひねれば活路が見えてくると信じて、最後まであきらめず議論を尽くしていきたいと思います。

節約の日々

大阪　安原　邦博

はじめに

私は、二〇一〇年四月にロースクール（以下「ロー」といいます）の未修コースに入学し、二〇一三年三月に修了して、同年一一月に第六七期修習生となり、二〇一四年の年末に大阪で弁護士となりました。これから、現行の法曹養成制度（基本的にローに二、三年通って、司法試験に受かっても給費無しで修習を受けなければ法曹になれない制度）における私の節約の日々についてお話しします。

ローという制度自体は肯定

ローには、時間とお金がかかり、学問的にも実務的にも受験的にも意義が見出せない授業が少なからずある上、司法試験合格率が低いままである等の問題があります。しかし私は、ロー（という制度）自体は肯定的に捉えています。私が司法試験受験生になる決心ができたのは、ローでなら初歩から系統立てて学べるであろうと思ったからです。ロー入学前の私の法的知識は宅建レベルでしたが、母校では、かなりの詰込み教育ではあったものの、授業の内外で教師へ気軽に質問できたこと等もあり、修了までにひととおり系統だった知識を得ることができたと思っています。

また、単なる受験勉強以外のことも学べました。実務家教師による授業や、学内で度々開かれていた弁護士の特別講演会を受講することで、自分が弁護士になったらできること、やりたいこと等を考えることができました。私は弁護士登録の日に大阪アスベスト弁護団に入りましたが、同弁護団の活動も、毎年特別講演会に来られていた弁護団員から学びました。

しかし節約の日々……

・どのローに入学するかで悩む

ローの未修コースに入学して弁護士になるまでにかかる時間は、最短で約五年です。その間、働いて収入を得ることは事実上または法律上望めない一方、生活費、ローの学費、交通費、書籍代、予備校代、修習費用等で多大な出費が見込まれます。したがって、できうる限り節約する必要がありました。

そのため、入学するローは、給付奨学金で学費が無料になるオファーをもらった私学にしました。もっともその給付奨学金は一年更新制で、一定の成績を保たないと打ち切られて次年度から年一四〇万円程の学費を支払わされるものでした。一年で打ち切られるなら、国公立に最初から学費を払って行った方が安く済みます。随分悩みましたが、「打ち切られる成績をとるようなら司法試験にも受からぬであろう……そのときは潔く身を引こう……」

などと自分に言い聞かせて、半ばギャンブル的に母校に入ったのでした。

・日本学生支援機構・貸与奨学金の申請の列に戦慄

ロー入学の直前か直後頃、キャンパス内で、日本学生支援機構の貸与奨学金の申請で長蛇の列ができているのを見ました。二〇一〇年四月頃ですから、私は、(新)司法試験の合格率がもう上がらないこと、しかも給費制が廃止される予定であることを知っていました。ですので、その列の少なくない人達が将来借金だけを背負うのではないか、また、司法試験に合格したとしても更に借金を負うのではないかと怖くなりました。実際に、私と同期で母校の未修コースに入学したのは約六〇人なのですが、本稿執筆時点の司法試験合格者は私を入れて四人だけで、しかもそのほとんどが修習で借金を重ねています。

・学割を最大限利用する

ロー在学中は大学院生という学割のきく身分です。大阪の地下鉄はICカードに学生登録をすれば一回の乗車でも料金が安くなるので、もちろん登録していました。もっとも、そもそもお金がもったいないので三、四駅分くらいの距離ならば歩くようになりました。また、携帯料金も学割で驚くほど安くなるので登録していました。主食はキャンパスの生協食堂、スーパー等の閉店間際の半額弁当、ローの近くの駅前そばでのボリューム満点の学割セット（激安）でした。修習中は、給費もないのに学割もないし、しかも自腹の飲み会も結構あるしということで、修習地は地元の大阪を希望して余計な交通費や家賃が発生しないようにし、主食は半額弁当、インスタントラーメン、スーパーで安く売っているうどん等、または奢ってもらえる飲み会でした。

・本は買わない

ローでの授業や司法試験の勉強、そして修習において、基本書、実務書等の本は必須アイテムです。しかし私は、ローに入学して弁護士になるまでの約五年間、六法や判例集等に三万円程を使った以外には、必要な本でも買うことはしませんでした。もちろん本がないと勉強ができないので、ロー在学中は図書館から常時十数冊の本を借りていました。修習中も、兼業許可を得て母校でTAをやっていたので（月に一万円程度しか稼げませんでしたが……）、必要な本は図書館で借りていました。

・一〇〇円コーヒーで勉強

私は、家や、ローの自習室、図書館のような静かな場所で勉強をするのが苦手です。ですので、ローが休みの日はもっぱら近所のファーストフード店で一〇〇円コーヒーだけを買い、気の済むまで、もしくは空腹に耐えられなくなるまで居座って受験勉強をしていました。ローを修了してから司法試験受験までの約一ヶ月間半は、学割がなくなり交通費が跳ね上がってほぼローに行かなくなりましたから（電車賃の元を取るため、借りたい本や印刷したい資料が一定程度たまったときにだけ行っていました）、一〇〇円コーヒーにかなり頼っていたように思います。修習中も、二回試験の勉強等をせねばならないときは一〇〇円コーヒーでしのいでいました。

さいごに

字数の関係で全部は書けませんでしたが、以上がこの約五年間の節約の日々です。ローの給付奨学金が継続されるか心配で眠れなかったことや、修習が終わるころ預金残高の桁数に戦慄したことはありましたが、幸運にも、貯金が尽きる前に弁護士になれ、給料の出る事務所に所属することができました。このように私の場合は節約で乗り切れましたが、貯金、学費、就職等の点でたまたま恵まれていたからであると思います。法曹養成制度について最後に一つ言わせてもらうならば、「良い法曹を育てたいのなら、まずは経済的障害を取り除くべきでは？」というところでしょうか。

ロースクール生の青法協活動の重要性

東京　大住　広太

はじめに――ロースクールでの青法協活動

私は二〇一〇年に法学部を卒業し、ロースクールに入学しました。二〇一三年の新司法試験に合格し、前橋で分野別修習を行いました。修習期は六七期になります。

私は、ロースクールへの入学が決まった年の三月に、学部時代の先輩に誘っていただき、青法協ロースクール生部会の学習会に参加しました。私がロースクールに通っていたころの青法協ロースクール生部会の活動は、春休みと夏休みに開催する年二回の講演会企画と、毎月行われる司法試験勉強会が中心でした。私が所属していたころのテーマとしては、冤罪や集団訴訟、弾圧事件などを取り上げました。ほぼ毎回、弁護団の先生方に加え、当事者の方もいらしてくださり、大変勉強になりました。

新司法試験学習会は、月に一回、若手の先生に答案を送り、添削していただいた上で、解説講義をしていただきました。複数の先生から、司法試験の勉強方法等を学ぶことができる良い機会だったと思います。

勉強との両立

前記のような講演会企画を開催するに当たり、修習生委員会の協力のもと、毎回都内の各大学にビラを配布したりして参加を募るのですが、特に部会員以外の参加者はなかなか増えません。この点については、長期休み期間に企画立案して開催することから、宣伝期間が短いこともあるかとは思いますが、何よりロースクール生に余裕がないことが原因ではないかと思っています。

多くのロースクールでは、司法試験の合格率を上げるため、留年制度が設けられています。ある私立大学では、学年全体の二割程度が留年し、二年連続で同じ学年で留年すると強制的に退学させられてしまいます。ロースクールに通い、司法試験に合格するには、莫大な時間とお金がかかりますが、それがすべて無駄になってしまうのです。実際に、私の友人も何名か退学処分となってしまいました。そのため、ロースクール生は常にプレッシャーを感じており、毎回の授業の予習復習、定期試験前の追い込みなど、時間的・精神的に余裕がない状態です。長期休みの期間についても、多くの院生が朝早くから登校し、夜遅くまで勉強しています。

また、修習生への給費制も廃止されるなど負担が増える一方、弁護士となった後の将来の展望は明るいとはいえません。給与の良い大手の法律事務所に入るためには、ロースクールでの成績が重視されます。そのため、少しでも成績を良くしようと、必死に勉強をし、せっかく大学側が用意してくれている充実した周辺科目でさえ、ほとんど選択されていなかったように思います。

以上のような理由から、ロースクール生は学外団体である青法協のことまでに気を回すことができないのだと思います。私は未修コースに入りましたので、二割から三割ほどは他学部出身者や社会人経験者の方でした。しかし、多くの方は卒業までにドロップアウトしています。ロースクールの志望者数の著しい減少からもわかるとおり、ロースクール生に課される負担は、時間的・金銭的・精神的に過大であると思います。

法曹としての最低限の知識を身に付けることは必要ですが、それと同じくらい、興味ある分野についての見識を深め、専門家として社会に貢献する素養を養成することも必要だと思います。しかし、現在のロースクール生は、それができる状況とは言えません。合格後にそういった活動をしようと思っていても、いきなり全国各地での分野別修習が始まってしまうので、横のつながりを作ることが難しい状況です（六八期からは全修習生が揃う一ヶ月の導入修習が始まりましたので少しは改善されましたが、一ヶ月では難しいことに変わりはありません）。また、多くの修習生は、二ヶ月ずつしかないそれぞれの修習に取り組むことで、適度に忙しく充実した修習生活をおくることができるため、それで満足してしまっている印象を受けます。

今後の課題

私の周りには、人権問題に興味があるという院生はかなり多かったように思います。興味があるのに参加できないのは非常にもったいないことです。私自身、机に向かい、試験に受かるための法律のことばかり考える日常の中で、自分たちの興味があるテーマを選出し、講演会を開いて学ぶことは、非常に良い刺激になりました。精神的に余裕がないと思っていても、青法協で活動し、先輩の先生方や当事者の方、志を同じくする院生から話を聞き、意見交換をすることが、良い気分転換となっていましたし、また、自分が目指す法曹像を形成したり、再確認したりすることで、勉強のモチベーションを保つことができたのだと思います。

現在の法曹養成制度の中では、ロースクール生のときから青法協として横のつながりを深め、継続的に一緒に活動していくことができる仲間と環境を形成していくことが重要だと思います。私がロースクール生の時も、青法協の皆様は惜しみなくご支援下さり、今後もより積極的に支援することが重要かと思います。

さいごに

ロースクール生時代や修習生時代は、修習生委員会をはじめ弁学合同部会の皆様には大変お世話になり、感謝しております。今後は、私が後輩を支援していく立場になります。諸先輩方から頂いた多大なるご支援の御礼を、後輩に向けて返していきたいと思っておりますので、今後も引き続きロースクール生、修習生への皆様からのご支援をよろしくお願い申し上げます。

魅力あるロースクールにするために――まずは給費制の復活から

兵庫県　大田　悠記

はじめに――ロースクールの存在意義は失われているのか

私は、京都府の出身で、京都の大学・ロースクールを卒業後、神戸での司法修習を経て、二〇一三年一二月から神戸で弁護士（六六期）として活動しております。

ロースクールの入学者数は、平成二〇年を境に急激に低下しています。具体的には、平成二〇年の入学者数が五三九七人であったのに対し、平成二六年の入学者数は、二二七二人と過去最低でした。平成二六年度の司法試験の合格者が一八一〇名ですから、このまま推移すれば、「ほぼ全員合格」の時代がやってくることにもなりかねません。

なぜ、ここまでロースクールの入学者が落ち込む事態に陥っているのでしょうか。法曹を目指す者が減っているのでしょうか。私は、そのような単純な理由ではないと考えています。新司法試験の制度には、ロースクールを卒業しなくても受験資格が得られる「予備試験」の制度があります。この予備試験の出願者数を見ると、平成二三年には八九七一人であったのに対し、平成二六年には一万二六二二人と四〇〇〇人近く増えているのです。

そもそも予備試験は、社会人経験が豊富な者や経済的問題がある者について、ロースクールを経由せずとも受験資格を得られるようにと設けられた制度でした。すなわち、ロースクール入学が原則で、予備試験は例外として位置付けられていました。ところが、現在、予備試験は、某有名予備校で「最短で法律家になる方法」として紹介されるように、大学生がロースクールを回避して法曹になれる「最短ルート」として確立しています（受験生の間では、予備試験のことを「ヨビシ」と言うそうです）。予備試験の受験生がすべて大学生というわけではないですが、予備試験受験者数の増加に、大学生をはじめとする若年受験者の増加が影響していることはほぼ間違いないといえます。

では、なぜ若年受験者は予備試験を目指すのでしょうか。ロースクールに存在意義がないと考えているのでしょうか。これは私の「当事者」としての意見ですが、ロースクールにも十分な存在意義があると思っています。私が通っていたロースクールでは、およそ司法試験のレベルを超える課題についても深く考える機会が数多くありました。司法試験に合格することだけを考えれば、そのような時間は無駄ともいえます。

しかし、そのような課題に自分なりに向き合い深く考えたことが、実務家になった今、考える道筋を与えてくれるものとして活かされていると実感しています。およそ司法試験に合格するためだけの勉強をしていては、このような法的思考力は養われなかったでしょう。議論はあるでしょうが、合格後の将来も見据えて学習するという意味では、ロースクールはやはり存在意義のあるものだと思います。

そうすると、若年受験者のロースクール離れの根本的な原因は、およそ教育面とは別のところにあるのではないかと考えられるのです。私は、その原因は、法曹を目指す上で受験者が背負わされる重い経済的負担にあるのだと考えています。

法曹志望者に重くのしかかる経済的負担を軽減するには

ロースクールの年間の学費は、国立で約一〇〇万円、私立では高いと約二〇〇万円かかります。ほとんどのロースクール生が、親から援助を受けるか奨学金を受給して学費を支払っています。さらに、今は、過半数の大学生が奨学金を受給する時代です（日本学生支援機構平成二四年度学生生活調査によると、二〇一二

ロースクールの存続とより良い法曹養成制度の可能性

熊本　福永　紗織

はじめに

私は、熊本県出身、二〇〇六年法学部を卒業し、法律事務所で働いた後、二〇〇九年四月に広島大学法科大学院に未修コースで入学し、二〇一二年三月に同大学院を卒業、同年九月に司法試験に合格しました。熊本で弁護士として活動しています。

ロースクールは廃止すべきという先輩方のご意見はよく耳にするところです。確かに、現在の法曹養成制度は明らかな失策です。特に問題なのは司法試験合格者数、修習期間の短縮、給費制廃止ですが、それらはロースクール制度が前提とされている故の問題でもあります。また、法曹養成の中核はロースクールではなく実務修習とされるべきであり、ロースクールが国民のための司法に不可欠であるか問われると躊躇します。しかし、ロースクール出身の私としては、ロースクールは廃止せず、ロースクール制度を始め法曹養成制度を再び改革することが、より良い法曹養成制度になると考えています。法曹を目指す人の事情は様々で、ロースクールだけが法曹への道とすることになってはならないと思います。しかし、ロースクール修了が原則で、予備試験という例外がある現状の試験制度について、私は肯定的に捉えています。

ロースクールの利点①　多様な人材の確保

ロースクールの存在は、良くも悪くも、高い新司法試験合格率を維持させてきました。私は、合格率の高さが多様な人材を確保してきたと思います。合格率三パーセントの旧司法試験に比べ、新司法試験はしっかり勉強をすれば合格できると考えられています。旧司法試験制度のままでは、弁護士に憧れはしても目指す職業にはならなかったかもしれません。

広島大学法科大学院の合格者は、例外はあるものの、大学院での成績上位者から合格する傾向にあり、私もまずは大学院での成績上位者になることを目標にしていました。授業は毎回出席し、授業の内容は完全に理解するように努め、合格することを信じて勉強することができました。

確かに、ロースクール制度は、働きながら通うことは難しい・合格までに長期間を要する・経済的な負担が大きいという問題はあります。しかし、熊本県弁護士会のロースクール出身の先生の中には、医師をされていた先生をはじめ他学部出身の先生方がいらっしゃいます。広島大学法科大学院での同級生にも、高卒で様々な社会人経験の後司法書士をしていた方、家庭を持ち不動産会社の経営をしながら勉強していた方がいました。しっかり勉強すれば合格できるという合格率は、上記の問題を乗り越えられるものにしていたと思います。ただ、給費制が廃止され、弁護士の経済状況が良くない現状では、多様な人材を確保できなくなっています。しかし、それはロースクールの存在自体の問題ではないと思います。

ロースクールの利点② 司法試験の勉強の場を予備校から大学に移した

私は、前述のとおり未修コースで入学しました。法学部でしたが、弁護士を目指した時期が遅かったこともあり、大学では法律の勉強を十分にしてこなかったためです。ロースクール入学時、私は、窃盗罪の構成要件すら知らず、全くの未修者と同じレベルでした。吸収することばかりで勉強は楽しかったです。授業では基礎的な学力をつけることが十分できましたし、広島大学法科大学院の先生方のお陰で合格することができたと感謝しています。覚えることよりも、考えることが中心の勉強でした。

答案作成能力は、学生が個別に磨く必要もありましたが、私は、予備校を一切利用しませんでしたし、その必要も感じませんでした。それは、広島大学法科大学院には、課外で新司法試験に合格した先輩から直接指導を受ける機会があったからです。学生同士でゼミを組んで、お互いの力を伸ばし合うこともできました。ロースクールでは良いライバルでもある仲間と共に勉強することができ、貴重な時間でした。私たちは、修習期間が短く、修習のクラスの交流は密ではありませんでしたが、ロースクールでの仲間がその代わりになっていると思います。

予備校依存や受験技術を優先した勉強への批判はロースクール導入理由の一つでした。私は、旧司法試験受験をしていませんし、先輩弁護士を見て、その批判が正しいとも思えません。ただし、旧司法試験時代には、受験勉強の場を予備校が担っていたことは否定しがたいと思います。ロースクールの意義は、予備校ではなく大学にその役割を移したことにもあると思います。ロースクールでは六法以外の科目を学ぶことができ、教育をより充実させることも可能です。経済的には、予備校の利用にも一〇〇万円近く必要です。一方、ロースクールではそれ以上の学費がかかる上、アルバイトをする余裕はありません。しかし、成績上位者には、学費が全額・一部免除になるロースクールは沢山ありますし、日本学生支援機構の奨学金第一種（上限月八万八〇〇〇円）も全額・一部返還免除を受けることができます。その他の返還不要の奨学金もあります。

現在は、弁護士業界の厳しさが取りざたされ、法曹を目指す人は減っていますが、給費制の復活等状況が改善し弁護士業界の魅力が伝われば、優秀な人材の確保はロースクール制度のもとでも可能だと思います。

ロースクールでは前期修習に相当する教育を十分に受けることはできなかった

ロースクールで前期修習修了と同等の教育を受けることが前提とされ、新六〇期〜六七期まで前期修習が無くなりました。ロースクールの実情を振り返ると、要件事実はしっかり習得する機会がありました。広島大学法科大学院では、訴状や答弁書、準備書面、和解条項を起案する授業がありましたが、法律文書を起案する授業が無かったロースクールもあったようです。また、新司法試験では事実認定能力も試されますので、ロースクールで事実認定能力はある程度養われましたが、実際の記録をもとに行われるものは模擬裁判くらいで、それも刑事と民事の選択でした。

ロースクールで、前期修習と同等の教育を受けることはできなかったと思います。前期修習の後分野別修習を受けたかったと感じたのは私だけではなかったと思います。前期修習が無いうえ、分野別修習期間は二ヶ月で、その間も起案や教官の出張講義等があり、実りあるものとするには余りに短いものでした。六八期から導入修習が行われるようになったのは、ロースクールでは前期修習に相当する教育が十分にはされていないと認識され、一部はロースクールではなく司法研修所で担うことになったのだと思います。しかし、更に分野別修習の期間が短縮されたため、他の方法がなかったかと残念に思っています。

おわりに

ロースクールは国民のための司法に不可欠とは言えませんが、単に廃止するのではなく、活かす方がよりよい法曹養成制度になると思います。ただし、それにはあまりに課題が多いことは事実です。今、ロースクールの統廃合が進められています。ロースクール制度単体の最大の失敗は、ロースクールが乱立したことにあると思います。しかし、誰もがロースクールに行ける機会を維持することは重要なことであり、適正配置も配慮されるべきです。それができない場合には、入学前の住所地を考慮した奨学金制度等の確立が必要だと思います。まずは切実に、実務修習の充実と給費制の復活を求めます。

私が弁護士になるまで

宮崎（執筆当時）　三浦　杏奈

はじめに

私は六六期司法修習を修了し、新制度のもと法科大学院に通い新司法試験を受験して、弁護士になりました。新制度については、受験生の精神的負担が大きすぎる点、多くの人は二〇代という進路を決める時期に数年間もの時間的拘束を受ける点、法科大学院・司法修習を通じて受験生の経済的負担が大きすぎる点など、多くの問題点があると考えます。

以下では、三回の新司法試験受験を経験した立場から、新制度のもと受験生がいかに過酷な精神的負担を受けるかについて述べさせて頂きます。

私が法律家を目指したきっかけ

私は、高校一年生の頃、祖父がタンクローリーにひかれ交通事故で亡くなった際、「祖父のような被害者など、声をあげることすらできない人の声を代弁する仕事がしたい」と思い、法律家を目指しました。

私は、幼少期から高校生まで水泳選手として活動していました。大学生まで水泳選手としての活動を継続した上で、就職をして経済的に自立しながら司法試験を目指そうかと漠然と考えていました。

しかし、私が高校生のときは、ちょうど法科大学院制度が具体化されてきた頃で、高校に法学部の教授が法科大学院制度の説明に見えたことがありました。その時の説明で、「新法曹養成制度では七割程度の人が合格できしかも三回受験できるから、法科大学院できちんと勉強をした人はみな法律家になれる」と聞き、私は本気で司法試験を目指そうと思いました。そこで、私は、新制度のもと法科大学院に進学して法律家になろうと思い、水泳選手をやめ、二〇〇三年に明治大学法学部に進学し、司法試験の勉強を始めました。

法科大学院時代

私は、二〇〇七年に明治大学法科大学院既修者コースに入学しました。私が大学四年生の頃は就職氷河期の谷間だったため就職先に困ることはありませんでしたが、新制度で法律家を目指すという決心が固まっていたため、一般企業への就職は一切考えませんでした。

しかし、私が入学してから、当初七割とも言われていた新司法試験の合格率は年々落ち込み、三割程度にまで落ち込んで行きました。たしかに、「卒業後五年以内に三回」という受験回数制限（当時のもの）があることは承知していました。ですが、「卒業後五年以内に三回の受験で一度七割に入る」と「卒業後五年以内に三回の受験で一度三割に入る」とでは、冒すリスクが全く違います。同期とよく「こんな合格率なら他の道もあったのに、もう引き返せない。選択を間違えたかな」と話していました。

私は、法科大学院入学時、大学院と最長三回目の受験までの四年を覚悟すれば法律家になれると考えたため、就職や結婚という選択肢を捨てました。もし法科大学院制度がなかったら、私は、就職して経済的に自立した後で、恵まれれば子育てもしながら、受験をすることも考えたと思います。私は、自分がひとりっ子できょうだいがいなくて寂しかったため、何度か出産できるよう、できれば早く結婚したいと考えていました。でも、法科大学院進学を選んだ時点で、そのような選択はできなくなったと思います。無職で親に何百万ものお金を援助してもらっている状態で、結婚など考えられるはずがないからです。

私は、就職や結婚という一般的な選択をしなかったことを、大変に悔みました。新法曹養成制度に二〇代の大切な時期を捧げて裏切られた気持ちがしました。

司法浪人時代

私は、二〇〇九年、二〇一〇年の司法試験に不合格になりました。周囲では、優秀だったにもかかわらず精神的に失調したり、経済的な限界を迎えて受験をやめて行く同期が続出していました。会社をやめて法科大学院に入学しながら、いわゆる三振をして途方に暮れていた人もいました。私自身も、二回目の試験の発表直後、生きているのが辛くなって精神的に失調し、初めて心療内科にかかりました。

「後がない」というプレッシャーは、経験した者にしかわからないのではないかと思います。二六歳にもなって収入もなく、次も不合格になったら両親に負担させた何百万ものお金が水泡に帰すことになる。今まで受験勉強にかけた七年間も無駄だったことになる。三回目に不合格になった後のことを考えると、心が真っ暗になりました。初めて「心が壊れる」と思いました。

当時の私は、司法試験に合格しなければ全てを失う状態にありました。働きながら、あるいは結婚してから受験をするという選択肢があったら、当時のようにまで精神的に追い込まれることはなかったのではないかと思います。

せめて、受験回数制限がなければ、司法試験の受験時期を遅らせて経済面や精神面の環境を整えてから受験に臨むこともできたと思いますが、受験回数制限がある以上そのような時間的余裕はなく、そのまま受験を継続せざるを得ませんでした。私は、合格率は下げて回数制限だけ残すことは大変不合理だと思いましたし、法科大学院に進学したことを後悔しました。

おわりに

私は、執筆当時、三回目の司法試験に合格し、司法修習を経て、一年目の弁護士として活動していました。少年事件、犯罪被害者支援活動、労働事件等にやりがいを感じ、忙しいながらも充実した毎日を送っていました。とはいえ、私は、自分が合格して報われたからそれでいいとは思えません。私が法科大学院に入学したときは、「真面目に勉強すれば法律家になれる」ということが大前提でした。当時の法科大学院生は、新法曹養成制度を信じて人生を賭け、制度の中に飛び込んでから「引き返せない」状況に追い込まれて、最終的に合格しなかった者は「不運だった」と切り捨てられました。自分と同じように毎日真面目に勉強をしながら、制度の変動や混乱に翻弄されて受験をやめて行ったり、三振してしまった友人たちの顔を思い浮かべると、本当に悔しくて悲しい気持ちになります。

私は、以上のような受験生活を経て、率直に国は無責任だと思います。旧司法試験にも問題点はありましたが、新制度よりも人生設計は立てやすかったのではないかと思います。旧制度では、専業受験生になるか、働きながら受験をするかを選択することができましたが、新制度では基本的にそのような選択はできません。その結果失うものは少なくないですし、最終的に合格できなければ何も残りません。いつ受験するか、何回受験するか、何をしながら受験をするかなど、受験方法を受験生各人が選択できる制度に戻すべきではないでしょうか。いつを最後の受験にするかは、制度ではなく受験生各人が決めるべきだと思います。

法曹養成制度の現実

福岡　石井　衆介

はじめに――ロースクール進学を決めた日

私は、大阪出身で、関西の私大ロースクールを卒業し、大阪で司法修習を終えた後、今年一月から福岡で弁護士をしています。私が弁護士を目指したのは、法学部三回生の冬です。それまでも弁護士に対する憧れは漠然とあったものの、弁護士になるなんて自分には無理だと考え、目を背けていました。そんな折、身近で起きた労働問題をきっかけに、弁護士という職業の魅力に改めて気づきました。

ちょうどロースクール制度が始まったところで、卒業すれば七割ぐらいの受験者が合格できるというふれ込みでしたし、ここで挑戦しなければいつか後悔すると覚悟を決め、両親に進学の希望を打ち明けました。両親は、「まさかうちの子が」と驚いていましたが、それと同じくらい喜んでくれました。弁護士は世の為、人の為になる仕事だ、息子が弁護士になってくれるなら、老後の蓄えを引っ張り出してでも応援するとまで言ってくれた両親の笑顔を、今でも覚えています。その時、自分は絶対弁護士になるんだと心に誓いました。

ロースクールでの生活① 学習面

私がロースクールに入学したのは、二〇〇九年四月です。法学部出身ですが、進路決定時期がずれ込んでいたこと、それまで興味をもって勉強してきたのが、労働分野と政治学関連だったことから、基礎固めのため未習コースを選択しました。いわゆる「隠れ未習」と呼ばれる部類です。当時ロースクールは、制度改革の盛り上がりも一段落し、卒業生の質、法曹人口の増加など様々な弊害が指摘され始めた時期でした。それでも、今と比べれば学生の数も圧倒的に多く、特に未習コースでは人材も多様だったように思います。具体的には、理系を含む他学部出身者、社会人、主婦、旧司法試験ベテラン受験生など、年齢も経歴もバラバラの五〇名ほどの学生達が、一つの教室で授業を受けていました。

三年間のロースクールの授業スケジュールは、法学部で一通り勉強したはずの私ですら追いつけないほどハードなものでした。特に一年目は、基本となる六法と行政法について、重要判例と基本的な学説を詰め込まなければならず、この段階で躓き、そのままフェイドアウトする人も一人や二人ではありませんでした。授業を担当する教授も、そもそも授業だけで全てカバーするつもりは毛頭無く、授業は学生の理解を手助けするものというスタンスの方が多いように感じました。幸い私は、自主ゼミを組む仲間に恵まれ、判例の読み方、学説の対立、答案を書く際の形式的注意などを学習する場があったので、何とか食らいつくことができましたが、これでは何のためのロースクールか分からないと何度も思いました。

二年目以降、ロースクール間の競争は激化し、司法試験合格率の低迷や入学志望者数の減少を受け、単位認定の厳格化が進みました。ロースクール制度そのものに関する懐疑的な意見が一層強くなったのも、この頃ではないでしょうか。予備校に通う学生や進級のための単位の取得に追われる学生が増え始め、各自の経済的、肉体的及び心理的な負担は相当なものだったと思います。

結局、私がロースクールに在籍した間、母校の司法試験合格率や入学志望者数は、一向に改善されませんでした。卒業後、入学志望者数が定員割れになったこと、クラス数が三分の一になったこと、自習室に人気が無く閑散としていること等を聞き、卒業生として残念ではありましたが、あの授業内容と結果であれば、やむを得ないというのが正直なところです。

ロースクールでの生活② 金銭面

私は、両親の同意を得たものの、既に大学を出ておりこれ以上負担をかけたくなかったため、なるべく自分で奨学金を借りてロースクールに通うことを希望しました。しかし、私大ロースクールは、授業料だけで年間約一五〇万円かかります。さらに、通学費や教材費、生活費が別途かかるので、日本学生支援機構の奨学金を基本にしながらも、両親から経済的援助を受けざるを得ませんでした。

私大でなくとも、多くの学生が奨学金を利用しなければならないため、ロースクール卒業時の平均借金額は、一人あたり約三〇〇万円と言われています。金銭面の問題は、学生たちの最大の関心事です。私のように、両親からバックアップしてもらえる者は、むしろ恵まれている方です。一人暮らしをしながら、奨学金と貯蓄等でやりくりしている方がたくさんいました。また、援助を受けられても、負担をかけて家族の中で肩身が狭いと、受験回数を自主的に制限した人もいます。また、ロースクールを卒業できたとしても、司法試験に合格できなければ生活の見通しが立たないことから、在学中に公務員試験を受ける人もいました。

こういった選択を第三者の目から見れば、司法試験を受けるためにロースクールに入ったのに、本末転倒だと思われるかも知れません。しかし、平均合格率二〇パーセント、ロースクール卒業時の借金三〇〇万円という数字は、職業選択の際、当事者に重くのし掛かる現実なのです。

金銭面でいうと、司法修習生の給費制が廃止されたこともショックな出来事でした。将来無くなるかも知れないという報道がなされたときも、「こんなに借金があるロースクール生に、そこまで嫌がらせするか」と笑っていましたが、あれよあれよと言う間に本当に廃止されてしまいました。その結果、司法試験を受けなくても三〇〇万円の借金、司法試験に合格すれば司法修習と合わせて六〇〇万円の借金、という二択を迫られることになりました。これにより、司法試験に合格しても、司法修習には行かない人まで出てきているのが現状です。

法曹養成制度に対して思うこと

当事者の目から見たとき、現実は、当初予定された制度からかけ離れたものでした。立派なハコと有名な教授を揃えて、肝心の授業内容やカリキュラムが人材育成の観点から十分検討されず、授業料は高額なのに、学習は個人の能力、自己責任に委ねられています。入学者数と司法試験合格者に大きな開きがあるため、努力しても報われる者は少数という仕組み、しかも、残りの卒業生に対して受け皿は用意されていない。そのため、受験に集中することすらままなりません。やっとの思いで司法試験を乗り越えて、その先に残るものは、学部時代の奨学金も含めた何百万円もの借金、そして法曹人口増加に伴う就職難と不景気です。そもそも就職できるのか、どうやって借金を返済していけばよいか、皆頭を抱えています。

これらに共通する問題は、当事者への配慮が欠けており、法曹を「養成する」ことが十分に意識されていないということです。ロースクール進学希望者が当初の一〇分の一になったことは、当然の結果であり、私自身、三回生の時にこれほど険しい道のりであることを知ったら、弁護士を選択しなかったかも知れません。

私は、ロースクール、新司法試験及び司法修習を経験する中で、十分な素養と高い志を持った方々にたくさん出会いました。しかし、その中で夢を叶えられたのは、ごく一部です。多くの方々が、時間を奪われ、あるいは自尊心を傷つけられ、多額の借金により人生を狂わされました。その責任は、一体誰が取るのでしょうか。法曹養成制度は近い将来、法曹の数と質を確保するために、より抜本的な改革を迫られることになると思います。その際には、そこで学び、将来法曹になることを夢見ている若い世代がいることを自覚し、彼らの人生を左右することに責任を持って、取り組んでいただくことを強く願います。

誰のための法曹養成か――当事者の意見は無視されて

東京　湯山　花苗

ロースクールへの期待と実情

私は、二〇〇四年、信州大学経済学部に入学し、二〇〇八年、中央大学法科大学院未修コースに入学しました。私が大学に入学した二〇〇四年は、ちょうどロースクール制度が始まったときで、ロースクールに進学すればほぼ司法試験に合格できるという神話が流れており、ロースクール制度に大きな期待が寄せられていました。私は、何としても合格者の多く輩出しているロースクールに行きたいと思い、予備校に通うために、大学三年の後期から実家のある東京に引越しをして、週に一回、東京から長野県松本市にあるキャンパスに高速バスで通うことにして、ロースクール入試のために勉強しました。

私は、他学部からの入学ということもあり、六法が縦書きであることさえ苦戦をしたものです。統計学のような数式で答えが出るものはなく、どのように答えても反論が用意されていて、何度も挫折しそうになりました。しかし、未修一年の授業内容は、前期に憲法・民法（不法行為・親族相続を除く）・刑法を、後期に民法（不法行為・親族相続）・会社法・商法・行政法・民訴法・刑訴法と、盛りだくさんであり、弱音を吐いている暇はありませんでした。私は、自分で決めたことだからと、必死でついていきました。今思い出しても、あれほど勉強したことはないという一年間でした。そのおかげで、既修学生と混ざった二年次のクラス編成でも落ちこぼれることなく、司法試験に備えることができました。たしかに授業の中には受験とは直結しない授業が必修科目としてありましたが、おおむね授業の予復習を行っていれば司法試験に耐えうる授業内容でした。この点からすれば、私にとっては、必要な学びの場であったことは間違いありません。

もっとも、どれだけ知識を得ても、あくまで「試験」であるため、ある程度「対策」をしないと合格までたどり着けません。実際に、予備校の模擬試験を受ける友人は多かったし、予備校が出版している書物を使用する人も多くいました。このように、合格するためには試験対策をしなくてはならないのが現状ですが、予備校に懐疑的である先生方からはたびたび叱られたことがあります。その度に、ロースクールは誰のために設立されたのかと考えさせられました。

おわりに――現在のロースクール

最近のロースクール入試の倍率や廃校の実態を見ると、私がロースクールを受験したころに比べて、法曹を目指す人が減少していることは認めざるを得ません。もちろん、ロースクール制度だけが問題なわけではありません。しかし、予備試験の受験制限を設けようとする姿を見ると、ロースクール自体の改善をわきに置いて利権を守ろうとしているように見えて悲しいばかりです。私の経験ではありますが、ロースクールは、授業自体が濃厚であり、共に研鑽に励む仲間を得て、将来法曹として活躍するときの支えを得ることができるかけがえのない場でした。ぜひ、当事者の選択に委ねてほしいと思います。

現在、法曹養成制度は、受験回数や受験科目など年々変化しています。私は、修習生委員会に所属していることもあり、ロースクール生や司法修習生の意見に触れる機会が多くあります。また、私は、貸与制下で修習をしたので不合理性と弊害を訴えています。しかし、当事者の声は聞いてもらえないままに、制度は変えられています。結局、誰のための改革なのか、意識していかないといけないと思います。

法曹養成制度改革に翻弄されてみました

あいち　金井　英人

はじめに——当初の受験勉強

私が司法試験の受験勉強を始めたのは二〇〇一年で、大学三年生の頃でした。そこから二〇一二年に合格するまでの間、司法試験の受験制度は、法曹養成制度改革により目まぐるしく変化しました。二〇〇四年に法科大学院が創設され、二〇〇六年から新司法試験が開始、二〇一〇年には給費制廃止の一年延期、二〇一一年には試験構成が変更され、また、同年給費制が廃止されました。

当然、勉強を始めた頃にはこれほど制度がふらふらと変化するなどということは考えてもいませんでした。以下では、そんな風に制度改革に翻弄され続けた私の約一〇年間に渡る新旧両試験の受験生活を振り返ってみたいと思います。

旧司法試験の受験勉強は、ダブルスクールが基本であり、大学に通う傍らで、いわゆる司法試験受験予備校の授業を受ける、というのが一般的な形でした。司法試験予備校の学費は決して安いものではありませんでしたが、大学の授業は司法試験の受験勉強としては十分ではなく、予備校に通わないという選択肢はなかったとも言えます。ですが、この頃はまだ希望に満ちた中で日々勉強をしていました。

新旧司法試験過渡期

新司法試験が始まる二〇〇六年の直前、旧司法試験の合格者数が二年間限定で一五〇〇人に増員されることになりました。しかし、その翌年から合格者は約五〇〇人、さらにその翌年は約二〇〇人程度になるということが決まっていました。私を含め、受験生の間では、この増員の波に乗れなければ法科大学院へ行くしかない、という認識の人が多数いました。合格できればよし、できなければ高い学費を払って数年間法科大学院に通わなければならない、という岐路に立たされました。この時点で、金銭的な理由で法曹になる夢を諦めた友人は多数いました。結果、私は法曹になるために法科大学院への道を進まざるを得なくなりました。あの時の強烈な挫折感は今でもよく覚えています。

法科大学院と新司法試験

大学を卒業して二年後、ひたすら予備校の自習室に籠る旧司法試験の受験生活から一転、再び大学に通うことになりました。授業を受け、定期試験を受け、成績をつけられることを繰り返すという、大学生とあまり変わらない生活を送るのは、早く弁護士になりたいと思う自分にとっては、やりたいことができない鬱憤や、徒に歳をとってしまう焦りに満ちていました。

法科大学院での講義がためになるものであることは否定しません。しかし、法科大学院での学習のうち、司法試験に直接役立つものの割合は相当低いといえます。司法試験合格という目的以外のために法科大学院に入学する人はほぼいないということを考えれば、法科大学院側と学生側との焦点がずれていることは、学生（受験生）にとってはただの苦痛でしかないように思います。

それればかりか、法科大学院の高額な学費は生活をも直撃します。私は、授業料半額免除と奨学金でなんとか乗り切りましたが、借金は残りました。そして、新司法試験は旧司法試験とは形式面、内容面ともにほぼ別物と言っていいものでした。旧司法試験を何年も受けた経験がありながらも、新しい試験形態に対応するため、答練を多数受けなければなりませんでした。

問題文のボリュームの違いによるものか、答練も模試も、旧司法試験時代の数倍の受講料がかかりました。

卒業後は元通りの生活へ

私は、新司法試験の受験回数制限三回のうち、三回目で合格しました。法科大学院を卒業した年に一回目を受験し、これに合格できなければ、学生としての身分も何もない状態になります。結局、旧司法試験の頃のいわゆる司法浪人時代と何ら変わりのない生活が私に戻ってきました。法科大学院で学んだ実務の基礎はすっかり忘れ、司法試験科目をひたすら勉強するだけでした。

そして、二回目の受験にも失敗し、合格できなければ法科大学院に行った意味がなくなるという現実にとうとう直面しました。自分の人生にとって法科大学院とは何だったのか、その納得のいく意味付けを自分自身で考えなければならなくなりました。何かしらの意味がなければ本当に救われない、ただの人生とお金の浪費になってしまうことの空しさを、この頃は日々感じていました。

なお、司法試験に合格出来ず、他の道に進まざるを得なくなった人たちに対して、国も、法科大学院も、基本的に何もしてはくれません。やむなく他の道へ進んだ仲間たちの多くが、今どこで何をしているか、その消息がわからなくなっています。

待ち受けていた貸与制

私は最後のチャンスでなんとか合格することはできましたが、その時既に司法修習生の給費制は廃止されており、結局最後まで制度改革に泣かされることとなりました。司法試験に合格するまでに膨大な費用を掛けただけにとどまらず、司法修習でも借金を背負わなければならない。誰よりも長い間諦めずに頑張ってきたはずなのに、なぜ最後にこんな目に遭わされなければならないのか。長年受験生をしてきて、先に合格して修習をする同級生たちをみてきたからこそ、一層不公平感を強く感じます。

振り返ってみて思うこと

約一〇年間に渡り、法曹養成制度改革のまっただ中を歩いてきて、「この変更は正しい」「この変更は意義がある」と思ったことはただの一つとしてありません。結果的に今私は恵まれた環境で弁護士として活動することが出来ていますが、ここに至るまでの間に、自分とともに法曹を志していた極めて多くの人たちの人生設計が狂わされてきたという事実から目を背けることはしたくありません。来年からは受験制限三回が五回に変更になります。法科大学院の募集人数は年々減少し、定員割れをおこす大学院が続出しています。そんな情報を耳にしても、もはや乾いた笑いしか出てきませんが、「困っている人を助けたい」という思いを持って頑張っている若者の足を引っ張るのは、もういい加減やめて欲しいです。

法曹養成制度につき、本当に「改善」するべきことは、何か

三重　芦葉　甫

現在の司法試験受験制度

二〇一一年に予備試験が始まり、現在は、予備試験ルートと法科大学院ルートの二種類による司法試験を受験することができます。すでに皆様も御承知のとおり、予備試験ルートの方が大人気です。その理由は、主に二つあるかと考えます。一つは、時間的・経済的コストがかからない点です。もう一つは、予備試験の方が就職活動に有利という点です。予備試験が人気の一方で、法科大学院の方は、人気が下がっています。私の母校は、以下でも述べる通り、小規模法科大学院です。ただ、近年では、入学者は激減しており、もはや〝小規模〟というネーミングすらも再考した方がいい状況にあるのかもしれません。

小規模法科大学院の実態――成績認定の厳格化と入学者減少

私が入学した二〇〇八年当時は、三学年で一〇〇名前後の学生がおり、新入生と留年生は合わせて五〇名くらいでした。しかし、三年後には、三学年で八〇名近い人数に減り、その後も物凄い勢いで入学者が減りました。二〇一一年以降は、既修者・未修者を合わせて、一桁の入学者がいれば、「御の字」というほどです。

私の入学時期は、成績認定の厳格化策が採用されたころであり、留年率が最大で半数程度でした。成績認定の厳格化策が導入された背景には、二〇〇六年度年度新司法試験からの合格実績が予想（期待）に大きく反したためです。大学院側としても、即時に対策をせねば、大学院受験者が集まらないという危惧を抱いたのだと思います。この危惧は、母校だけでなく、比較的小規模法科大学院全体が共通的に有していました。

他の小規模法科大学院の授業はわかりませんが、少なくとも母校では、条文や基本判例など重要な点に力を入れる授業もあり、成績認定の厳格化策をとったことで、学生は、予習・復習に力をいれていたことも事実です。ところが、司法試験の合格率は一向に改善しておりません。これは、成績認定を厳格にしすぎたあまり、学生が「成績を取ればいい」という短期的視点になってしまい、暗記勉強に偏ったからだと思います。それゆえ、定期試験が過ぎたとたん、覚えたことは全て忘れるという学生もおりました。

ゴーストタワーの法科大学院棟

勉強を集中してできるように、母校では、専用のキャレル（図書館の個人用閲覧机）がありました。母校では、成績認定の話は瞬時に学内を駆け巡るが、受験情報はなかなか回ってきません。

そのため、自分で受験に関する情報を収集し、勉強しなければならないのです。幸い、私が在学生のころは、先輩方が休日も、夜も自習室で勉強する方が沢山いました。そのため、「最低でも、先輩たちと同じくらいは勉強しよう」と勉強のペースがつかみやすかったのです。ところが、今は、全く違います。私が卒業するころから、自習室で空席が目立つようになりました。休日に、学生数名しか法科大学院棟にいないことも珍しくありませんでした。自宅学習をすると主張する者が多数派になってきたのです。個人的には、このような環境で司法試験に合格するには、相当の努力と精神力がなければ、厳しいのではないかと思います。

小規模法科大学院の利点

これまで、小規模法科大学院の問題点を挙げてばかりでしたが、決して悪い点だけではありません。小規模であるが故の利点もありました。母校では、何よりも学生と教授・弁護士教員との距離が近く、比較的自由に質問できる雰囲気がありました。平日も休日も関係なく、研究室に先生がいるため、質問をすることができました。また、先輩・後輩とも、比較的壁が無く、一緒に議論をしたりすることもできました。

さらに、実務家教員とは、授業後に食事会（アルコールつき）があり、飲み会の席で授業では話せない裏話などを話していただけました。意外とこういう話は、実務家へのあこがれを加速させ、もっと勉強しようという意欲につながりました。

おわりに

個人的には、小規模法科大学院の利点は、貴重なものであり、捨てがたいものです。また、合格率は低く、非常に厳しい環境でしたが、人の痛みを知る法曹になるには必要な経験です。小規模法科大学院を切り捨てるのは、大規模法科大学院が生き残るためでしかありません。その矛先は、予備試験にも向けられています。

法科大学院の統廃合をすすめたところで、「改善」には、結びつきません。受験生目線からすれば、今の司法試験は、時間的にも経済的にもコストがかかります。仮に合格しても、修習中に約三〇〇万円もの借金を負担しなければなりません。さらに、就職難問題が発生しているため、これらの費用を返済できる見通しが全くありません。これらのことからすれば、裕福な家庭の子女であれば別ですが、ごく普通の家庭であれば、法曹を目指すという動機は起きません。むしろ、回避すると考えるはずです。今すぐに、ありとあらゆる部分について改善していくのは、至難の業だと思います。ただ、せめて司法修習中の生活は安心できるようにするべく、早期に給費制を復活させませんか。真の意味で法曹養成制度について改善が必要と思うならば、今すぐにでもやれないことではないはずです。

給費制――未来の法曹のためにも

福岡　清田　美喜

はじめに――法曹志願者の減少　統計と雑感

今回、法曹養成課程について執筆する機会をいただきましたので、法曹志願者数の減少について、実感を踏まえつつご報告申し上げます。近時、法曹志願者が減少していることの懸念の声が聞かれることが多くなってきています。法務省の法曹養成制度検討会議（二〇一二年八月～二〇一三年六月）の資料によれば、二〇〇四年度にはロースクールの志願者が七万二八〇〇人であったのが、二〇一二年度には一万八四四六人と四分の一程度になっています。また、ロースクールへの入学状況も、二〇一二年度には、六三校で定員割れが起こり、うち三五校では入学者が定員の半数以下になっているという状況になっています。また、近年、神戸学院大学、東海大学、東北学院大学、明治学院大学、鹿児島大学など、複数のロースクールが入学者の減少による募集停止に追い込まれていることが報道されています。

法学部、ロースクールで学んだ者の実感としても、法曹志願者は減っていると感じます。私は地方の国立大学の法学部で学びましたが、同級生にも、入学当初は法曹志願者が少なからずいました。しかしながら、進級し、就職活動が視野に入り始めると、憧れの気持ちはしぼんで「就職した方が手堅い」という考えに変わる人が多くなりました。私は一〇人ほどの法曹志願者で自主ゼミを組み、旧試験の短答問題を解いたり、判例報告をする学習に取り組んでいましたが、そのゼミのメンバーも一人二人と就職活動や公務員試験に専念するようになり、最終的にそのゼミからロースクールに進学したのは四名だけでした。

また、私の在籍していた大学には、かつて司法試験合格者を輩出していた司法試験サークルがありましたが、近年の法曹志願者の減少などの事情から事実上サークルが解散してしまい、学習面でのバックアップを受けられる環境ではなくなっていました。

かくいう私自身も、大学三年生当時の就職状況が比較的よかったこともあり、周囲と同じように就職した方が、経済的にも安定するのではないかとの思いを抱くことがありました。当時からロースクールに進学しても必ずしも合格・就職できるわけではないという見方が広まっており、一時期は真剣に就職活動を始めようかと迷いました。それでも私がロースクールへの進学を諦めずにいられたのは、家族の理解と協力があってのことだと思います。また、進路について本格的に悩んでいたとき、恩師から紹介していただいたベテランの女性弁護士から「どういう仕事をするかは、自分の選択」「私は、法律の世界であれば男女が対等に仕事をすることができると思って、この世界を選んだ」という温かな励ましをいただき、なんとか当初の志を保つことができたためであると思います。

ロースクールに進学してからも、途中で法曹への道を諦める人に多数出会いました。同級生のほとんどが多額の奨学金を借りて学生生活を送っていましたし、どの学校も進級認定が非常に厳しく、複数回留年する人もいるなど、ロースクール自体が法曹志願者に経済的負担を負わせる制度になってしまっています。そのため、留年がきっかけで辞めてしまう人もいました。

また卒業前に司法試験の受験を諦め、在学中に就職活動や公務員試験の受験をしていた人もいます。さらに、卒業して司法試験を受験してからも、司法試験と並行して公務員試験を受験したり、司法試験を三回受け終わる前に自ら見切りをつけたりと、当初の志を果たすことなく進路を変えていく人を大勢見てきました。

法曹への道を諦める理由は人によって様々だとは思いますが、とりわけよく聞くのは、制限回数を全て受け終わったときに、何の保障もないのでは今後の生活が不安であるという声でした。また、自分が就職せずに勉強していることが、家族にとって負担となっているという人もいました。

このように、法曹志願者の減少は、経済的問題と密接に関連しており、まさに「お金のない人は法曹になれない」という状況が、大学生、ロースクール生の若者の夢を摘んでいると言えます。

私がロースクールを卒業する年までは、給費が続いていました。その時代にさえ、経済的問題が多くの学生に進路変更を迫ったことを思うと、今の大学生、ロースクール生が法曹になりたいという気持ちを貫き通すことは、私の学生時代よりもさらに困難になっているのではないかと思います。

おわりに

貸与制を含む現在の法曹養成制度は、法曹を志す者にとって決して魅力的なものではなく、かえって多くの負担を強いるものであると感じています。

私たち若手法曹は、給費を受けて修習をし、それを社会に還元すべく様々な活動に取り組んでこられた諸先輩方を尊敬し、憧れてこの道に入った者ばかりです。これから法曹を志す人たちにとっても、法曹が目指したいと思える職業であり続けられるように取り組む責任は、若手の私たちにこそあると考えています。給費制の復活、人口問題、奨学金の問題など、課題は山積みですが、先輩方のお力を借りて一つ一つ乗り越えていきたいと思います。

「六六期司法修習生」という立場

埼玉　伊藤　真悟

はじめに――旧司法試験のルートがほぼ閉ざされていた

この稿では私たち司法修習六六期がどのようなルートを経て法曹になっていったのかをご説明したいと思います。まず、旧司法試験を受けるためには、通常大学三年生にならないと受験資格が得られません。しかし、私が大学生三年生時の合格者は一四一名、翌年が一〇一名、大学院一年生の時が五二名と、合格するには果てしなく狭き門でした。したがって、よほどの天才でなければ法科大学院に進まざるを得なかったのです。

法科大学院受験と大学院生活

私たちが法科大学院に入学したのは二〇一〇年、このときは今と違ってそれなりに入学希望者は存在しました。したがって、人気のある大学院の既修者コースに入るには受験予備校に通って対策する必要がありました。法科大学院入学のために留年する者も珍しくありませんでした。

ちなみに、大学院の授業料は一番安い国立既修者コースでも二年で二〇〇万円弱、私立の未習者コースでは五〇〇万円を超えるところもあります。

まず、大学院の授業の課題や予習復習で必然的に勉強が課されるため、周りでアルバイトをしているものはごく少数でした。私は不真面目な学生だったのでバイトをしていましたが、それでも月三万円程度しか稼ぐ余裕はありませんでした。そして、書籍代やコピー代で多額の出費を強いられるので、年一〇万円程度に上る人も少なくなかったと思います。授業内容については、私の大学院では受験指導だけでなく実務家教員による指導や、選択ゼミなど充実したカリキュラムが存在しました。しかし、今振り返ると司法修習のカリキュラムの方が法曹養成の観点からは遥かに優れていたように感じます。法科大学院での授業は、基本的に紙の上だけの学問で退屈だな、と感じていたからです。なお、予備試験については大学院最終年度にできた制度なので私たちには関係ありませんでした。

そして貸与制へ

大学院一年目のときには給費が延長されたというニュースが入ったので、なんだかんだ給費を受けられるのではないかと期待していました。そのため、あっさり打ち切られて失望した記憶があります。

これまで私が、法曹になるために捻出した費用は、受験予備校代一〇〇万円程度、大学院の学費二〇〇万円、修習費用二五〇万円程度、その他書籍代などを含めて六〇〇万円近くに及ぶと思います。なお、私はストレートでこられたので、これはほぼ最安値です。平均的な場合一〇〇〇万円程度はかかっているのではないでしょうか。

あと、忘れてはならないのは地方格差のことです。私は大学入学時に上京したため、学生時代に莫大な生活費がかかっています。地方の生まれだと、高度な法学教育を受けるため嫌が応でも都会に出ざるを得ません。そのため、また費用が嵩みます。私は司法修習でも地方に行くことになったので、そこでもまた生活費が嵩みました。

今の制度に対して思うこと

私たちの世代は大学三、四年時にリーマンショックが直撃したため、親がリストラにあうなど、金銭上の都合で法曹を諦めた人が何人もいました。法曹になっても借金を返せないと踏んで民間企業に行く人も珍しくありませんでした。司法試験に合格しても修習に行かずに公務員になった人もいます。

とにかく、お金がなければ法曹になれないという制度は不公平きわまりません。法曹になった人でも借金が一〇〇〇万円を超えているケースもざらです（六六期は平均六〇〇万円の借金を負っているのですから）。こんな状況では、人権擁護と社会正義に燃える若者がいたとしても、経済的事情で法曹を諦める人が続出します。今の若手弁護士もどんどんビジネス指向になると思います。自分の生存権すら危ういのでは、他人の人権まで気を回せません。六六期の弁護士が、このような危機的立場にあることを、しっかりご理解下さい。

ちなみに、私たち六六期の有志はこんな現状を打破するため給費制廃止違憲訴訟に取り組んでいるので、今の法曹養成制度に危機感を覚えた方は、ぜひご協力よろしくお願い致します。

ロースクールで学んだこと

福島　鈴木　雅貴

はじめに

私は、二〇〇八年四月に愛知県にある南山大学法科大学院という小規模ロースクールに入学しました。私は、大学時代は文学部にて倫理学を専攻していました。私のように法学部以外の学部からロースクールに入学する学生を純粋未修者あるいは完全未修者と言います。

ロースクールに入って驚かされたことが二つあります。

一つ目は、どの学生も非常に熱心に朝から晩まで勉強しているということです。司法試験受験生だから当たり前なのかもしれませんが、文学部でのんびり暮らしていた者としては、司法試験受験生の熱意に圧倒されました。二つ目は、三年間の未修コースに入学した学生の八割くらいが法学部出身者だったということです。未修コースは他学部出身者用で、既習コースは法学部出身者用と思っていたのですが、実態は法学部出身者がロースクール生の大半を占めるというものでした。

のんびり者の純粋未修者にとっては、ロースクールでの講義は自分の理解のレベルをはるかに超えており、先生方はできる限り分かりやすく解説することを心がけてくれていたのですが、理解はしていないけれど分かった体で頷く素振りをしていたことを今でも申し訳なく思っています。

司法試験の苦労については、先輩法曹の方が圧倒的な体験をされていると思いますので、特にお伝えすることはありません。以下では、ロースクール教育で良かった点と悪かった点を一つずつ挙げたいと思います。

人権問題について深く学習できること

ロースクールの教育は、どこも同じことをしているというわけではありません。私の通っていたロースクールでは、「人間の尊厳」という観点から、多様な学習の機会が設けられていました。

特に印象に残っているのは、ある実務家教員の語った少年事件の講義です。その先生は、個別の事件のお話しを通じて、常に受講生に対して、誰に対しても公平であることや相手の人格を尊重する必要性を語っておられました。

私は、そうした授業を通じて、社会は時に少数者を切り捨てたりするのだな、そうした少数者の権利を擁護するためにも司法は重要な役割を果たしているのだなと思うようになりました。

私がロースクールを卒業したのは二〇一一年三月のときで、同時期に福島第一原発事故が発生しました。私の地元には浜岡原発があることもあって、福島がどうなってしまうのかと原発事故当時から心配していました。原発事故によって、福島県民が社会から切り捨てられることがあってはいけないとも思いましたし、社会にそうさせないためにも、微力ながら福島県内で被害者救済に尽力したいと思い、司法修習生になって以来、福島県で過ごしています。

経済的負担が大きいこと

ロースクールの話に戻りますが、ロースクールと司法修習期間の計四年間で、学費及び生活費で約一二〇〇万円の費用がかかりました。私は、一二〇〇万円のうち半分を両親に負担してもらい、半分を奨学金や貸与金で賄っていました。当たり前の話ですが、若者には時間はありますが、お金がありません。司法試験に合格するためには、青春のすべてを勉強に捧げる覚悟が必要ですので、とても仕事をする余裕があるしまうことは必然だと思います。法曹養成制度の経済的負担の重さを軽減しない限り、法曹をめざそうと思う若者が減ってとは思えません。

さいごに

私は、法律とは無縁の世界から司法の世界に飛び込んできた者として確信を持って言えることは、ロースクールの学生も司法修習生も極めて勤勉であり、とても熱意にあふれているということです。こうした人々が将来の日本の司法を背負うのだなと心強くも思いました。ところが、法曹養成制度に対する国の姿勢は、こうした若者の努力を軽視し、ひいては司法制度を衰退させるものでしかありません。私としては、国に対して恨み言を言うだけでなく、ささやかですが市民を対象にした憲法学習会や原発の被害者救済活動を通じて、司法の大事さを国民に訴えていきたいと考えています。

法科大学院は、青法協の魅力を伝える重要な場

東京　青龍　美和子

法科大学院制度の負担とリスク

私は、二〇〇六年四月にロースクールに入学し、二〇〇九年に修了、翌二〇一〇年に二回目の挑戦で新司法試験に合格しました。私が通っていたころ、法科大学院は教育の理想を追求し、「理論と実務の架橋」をめざして「臨床法学教育」に力を入れ、学生が教員とともに実際の依頼者の案件に接しながら、法実務の実際を修得するカリキュラムを実施していました。その種類も豊富で、労働、刑事、ジェンダー、行政法、外国人法など多岐にわたり、私も労働や外国人法など在学中に数種類の分野を選択し、生の事件を扱いました。その他に、模擬裁判、エクスターンシップ、現役の弁護士・検察官・裁判官の実務家教員による授業など、まさに司法修習の先取りで、実際の司法修習よりも手厚い指導を受けられ、贅沢な内容だったと思います。

しかし、法科大学院進学のための経済的な負担は重く、その割に司法試験への合格のリスク、合格後の就職のリスクは大きい。私が法科大学院在学中は、一定の社会経験を経て入学してきたクラスメイトが多くいましたが、今はどうでしょうか。私の知り合いで弁護士志望の大学生を見ていても、高校生、大学生の頃から奨学金を受けており、さらに借金が増えることを懸念して、法科大学院へ進学することに消極的です。市民の権利を守る法曹を育てるため、理想の法科大学院教育を実現するためには、経済的な負担を個人の責任に押し付けるのではなく、国が責任をもつことは必要不可欠です。

法科大学院への進学の代わりに、法曹志望者の意識は予備試験への合格に移行しています。予備試験に合格するために、大学在学中から司法試験予備校に通っているという話もよく耳にします。予備試験合格者の

司法試験合格率が約七割ともなると、法科大学院に通う時間と経済的な負担は一体何なのだろうと思ってしまいます。予備試験と法科大学院は両立し得ないのではないかと思います。とくに、法科大学院修了後五年が経つと、在学当時の同級生が受験回数の限度に達し、司法試験を受験できなくなり、法曹以外の他の道に進むというケースが出てきます（私の周りでは公務員になった方が多いです）。このような場合に、法科大学院での教育が、全くの無駄ということはないと思いますが、勿体ないと思ってしまうのが正直なところです。

法科大学院の生活と青法協

法科大学院では、毎日大量の課題が出ていました。その上、授業だけでは不十分な択一試験対策等の試験対策もやらなければならないので、法科大学院生はとても忙しく、アルバイトする余裕もなかなかありません。試験対策もしなければならないのに、授業の予習・復習をしないと進級・修了できないというジレンマを抱えることになり、睡眠時間も削られ、合格できるかどうかの不安などのストレスもあり、肉体的・精神的・経済的に苦しい状況に置かれます。

そんな辛い経験を乗り切れたのは、私の場合は青法協のおかげでした。ロースクール生部会で、同じ方向をめざす仲間に出会い、物心両面で先輩の厚い援助も受けられ、裁判の生の実態を知ることができるような企画を通じて、受験勉強だけでなく人権問題についても深く楽しく学べるのは魅力的でした。どんな弁護士になりたいかを再確認してモチベーションを保ちながら試験勉強にも取り組めました。

今後、法曹養成制度がどう変わろうと、法科大学院が存続している以上、憲法を生かして人権が守られる社会をつくるという立場の法曹を育てるためには、法科大学院の時期を最大限有効に活用すべきだと思います。法科大学院の時期に、多くの法曹の卵たちが青法協に触れることが重要だと思います。

理屈抜き！　経験のみによる超私的ロースクール考

北海道　橋本　祐樹

ロースクール受験で考えたこと

私は、大学の法学部を卒業後、旧司法試験の受験勉強を経て、社会人経験もないまま二五歳で関西の私立ロースクール未修コースに入学しました。いわゆる「隠れ既修」だったのです。ロースクールでは莫大なお金がかかると聞いていたので、当初進学するつもりはありませんでした。しかし、旧試験に合格できず、旧試験合格者数が減る時期だったので、進学せざるを得なかったのでした。

私がロースクール受験の際に主眼に置いていたのは、やはりお金でした。私立では、成績優秀者に学費半額分に相当する奨学金の支給がありました。年間学費は約一四〇万円にも上りますが、半額になれば、国公立の学費約八〇万円を下回ります。なんとしても成績優秀者になりたくて、未修コースに入学したのでした。社会人入学者や他学部出身者などにも法曹をめざせるようにした未修コースですから、こんな悪知恵を働かせるのは私だけかなと思っていましたが、同じことを考えている「隠れ既修」がいたことに驚きました。

機能しないソクラテスメソッド

私が入学したのは、ロースクール発足後三年目でした。この頃はまだ、「純粋未修」と呼ばれる社会人入学者や他学部出身者も一定数いました。高い能力を有していて「隠れ既修」顔負けの学力を取得していく「純粋未修」もいました。しかし、「純粋未修」の多くは、基本的理解を欠いたまま講義を重ねざるを得ませんでした。各科目一三〜一四回の講義がありましたが、毎回の講義を丁寧にやるとカリキュラム通りに進まないので、教員も腐心していました。最初は、「純粋未修」の質問を受け付け、「純粋未修」に回答を求めて質問をし、「双方向」の講義を心がけていました。しかし、講義が遅れ始めると、そんな「悠長な」ことはできなくなり、「双方向」ではない講義になっていきました。

「純粋未修」の人々は、教員に個別に質問するなどして、理解度を高めようと努力をしていました。しかし、同時に進行していく六〜七科目を同時に理解するのは困難です。復習したいけど、次週の予習が六〜七科目も待っているのですから、結局時間不足で消化しきれず、自らの努力では如何ともし難い理由で理解不足のまま進むことになるのでした。このような「純粋未修」の人々は、これまでのキャリアを擲《なげう》って「七〜八割が合格する」と信じて希望を抱いてLSに入学してきても、途中で希望を打ち砕かれ、学費を賄うために借りた三〇〇〜四〇〇万円の借金を二〜三年かけて積み重ねただけになったのでした。

どの学生も予習復習に追われ、ロースクールの自習室に閉じこもっていました。私も、予備校時代には参加していた青法協の学生ゼミさえ参加したことがなかったのです。予習復習や司法試験対策に追われているため、社会問題について考える勉強会や集会に参加する余裕はありませんでした。

法曹養成課程におけるロースクールの今後

司法試験を控えた学習であり、結局は点数で評価される「点」の選抜が待っているので、論点中心の学習になり理想倒れです。また、司法修習に行って、他のロースクール出身者との学習格差を実感しました。七四校も乱立してスタートしましたが、一〇年足らずで多数の学校が募集停止を決め、適性試験受験者数も激減しています。司法試験受験要件からロースクール修了要件を外し、司法試験合格者を現在の半分程度に減らし、前期修習を復活させ、司法修習費用の給費制を復活させるべきだと考えます。

司法試験の今日

東京　山添　拓

司法試験の試験問題は変化したか

新司法試験が始まって、今年（注：二〇一三年時点）で八年目となる（二〇一二年に旧試験が廃止され、「司法試験」となった）。試験問題はこの間、どのように変化してきただろうか。ここに、二〇一三年五月に実施された司法試験の刑事訴訟法の論文式試験問題がある。A４、二ページ強の問題文に資料の実況見分調書が付され、設問は二つ。「逮捕①及び逮捕②並びに差押えの適法性について、具体的事実を摘示しつつ論じなさい。」という設問一と、「別紙一及び別紙二が添付された実況見分調書の証拠能力について論じなさい。」という設問二である。前半は捜査法、後半は証拠法の問題である。受験生は、設問を見ただけで、書くべきことが割と多いと悟る。大問二つと言いながら、実は設問一は三つの小問であり、設問二も少なくとも二つ以上の小問に分かれる（別紙一は、さらに区別して論ずる必要がある）。二時間で問題分析と答案構成、そして論述をこなすには、相応のスピード感が要求される。これを受験生の間では、「事務処理能力」と言う。

問題形式は同じでも、新試験の当初は少し違っていた（ように思われる）。たとえば、初回の二〇〇六年度。捜査法の設問は、職務質問から始まって逮捕・捜索差押に至る一連の過程における捜査の適法性を論じる、というものだった。時系列に沿って当てはめていこうとすると、書くことがたくさんあり時間が足りない。メリハリをつけて論じることが大事な問題だった。その意味では、違法捜査がどこに潜んでいるかわからない実務と相通じる問題でもあった（と思われる）。その後試験問題は、徐々に書くべき対象が絞られ（受験生からすれば明確になり）、かつ、たくさんの設問に次々答える「事務処理能力」がより強く求められるようになった（と思われる）。試験後に法務省が公表する「出題の趣旨」や「採点実感」も、当初は解答に当たっての姿勢やロースクールにおける勉強の仕方に注文をつけるものが多かったが、最近ではどの論点について何を書くべきかを細かく指南するものが多い。

司法試験は今後どのような変更が検討されているか

こうした試験問題のあり方については、それ自体に賛否やさまざまな意見があり得る。

私自身は、実務に就くようになってみると、「事務処理能力」が司法試験段階での必要条件であるとは思えない。「事務処理能力」は実務上、いやおうなく求められるときがあるが、それは経験を積むなかで鍛えられるものであるように思う。より本質的な事実と論理の結びつきをどうと捉えるかという訓練が司法試験で求められるのではないか。そしてそれが数多くの論点を「こなす」のでなくとも、評価できるのではないか。一方で、政府の法曹養成制度検討会議のとりまとめ（二〇一三年六月二六日）が司法試験について関心を寄せているのはかなり局所的な問題で、①受験回数制限、②方式・内容、合格基準・合格者決定、③予備試験制度の三点である。

ボリュームとしては②が一番少なく、短答式試験の科目削減や、選択科目廃止を二年以内に検討するという。旧試験より科目が増え「受験者の負担が重いため」ということのようだが、それは新試験の当初から分かっていた。二〇一二年から始まった予備試験は、司法試験の受験資格を得るための「予備」試験であるにもかかわらず、本番以上の科目数が課せられるが、そのことと「負担」とはどう関係するのか。

法曹養成の重要な通過地点である司法試験について、新試験でどのような能力が試されているかの議論がなく、したがって、どのような能力・資質を備えた法曹を試験を通して育てるかの検討を経ることなく、法曹人口や合格率を大々的に論じる「検討会議」の議論は、場当たり的な発想という印象がある。

ロースクールと司法試験の今日

本稿はロースクールと法曹養成がテーマであるから、最後にこの点に触れたい。私は、弁護士登録後、出身ロースクールでAA（アカデミック・アドバイザー）をしている。答案添削やゼミでロースクール生や修了生の勉強をサポートしているが、そこで感じるのは、学生の多くがロースクールの講義だけでは合格できないとほとんど確信していることである。単に独習の時間が必要だということではなく、もっとノウハウ的な、「書き方」や「模範解答」を欲している学生が多い。したがって、これらを提供する予備校や「予備校本」が幅を利かせる。AAゼミに多くの学生が参加するのも、講義では答案が書けるようにならないという悩みの表れであると思う。ロースクール修了生の合格率が二五パーセント前後である一方で、予備試験合格者の司法試験合格率は二〇一二年六八・二パーセント、二〇一三年七一・八パーセントであった。試験問題の変化もさることながら、ロースクールがその試験に合格する力をつける場になっていないとすれば、制度としてはかなり深刻な矛盾を生じている。

新旧の司法試験を体験して

東京　石島　淳

私は、都内の法科大学院で既修として二年過ごし、新司法試験を受けました。それに先立ち、法科大学院ができる前には従来の司法試験を受験した経験もあります。ここでは、前者と後者を区別して、それぞれ新司法試験、旧司法試験と呼ぶことにします。

旧司法試験

司法制度改革の場面では、旧司法試験の問題点として、知識偏重であることをはじめとして様々なことが指摘されてきましたが、私はこの試験にそれほど問題があるとは思ってはいませんでした。

たとえば、旧司法試験の択一で問われた知識問題については細かすぎると感じたことはほとんどありませんでした。条文や判例の知識は仕事で必須です。受験生のころと比べて仕事を始めて以降、このことをより強く実感します。法律相談や裁判の真っ最中に基本書や判例集を読み直すわけにはいきません。抽象的に知識の詰め込みという批判をしても意味がないというのが当時の受験生としての感覚でした。

もちろん、旧司法試験を前提とした従来の制度は完全無欠なものではなかったにせよ、法科大学院というドラスティックな制度改革をしないと改善ができないほどの大問題はなかったと思っています。

法科大学院へ

そうはいっても、制度が変わって法科大学院を修了することが受験要件になったので、法科大学院に入学するという選択をしました。旧司法試験を受験していた頃は、バイトをして生活費を得ながら受験をすることができました。しかし法科大学院に通うとなると、授業への出席や課題への取り組みなどとの兼ね合いのためバイトができるのはせいぜい夏休みなどの期間に限られます。そのため奨学金が得られなければ法科大学院に通うのは不可能でした。ただし、名目こそ奨学金となっていますが実質は借金であり、司法修習における貸与制とあわせて大きな経済的負担となっていることは改めて説明するまでもないことと思います。

法科大学院での授業、院生の受験への意識

法科大学院では、旧司法試験を受験していたときよりも内容的に踏み込んだ勉強ができたことはよかったと思います。法科大学院を修了して受験するのがしばらく先になることから、気持ちに余裕ができたのかもしれません。また、法哲学や法社会学のような実定法以外の分野や試験科目ではない法律科目も履修できたことで知識の幅が広がったのは有益でした。

院生のなかに司法試験対策を意識している者がいたのも事実です。もっとも、新司法試験が法曹になろうとする者を選ぶのに適切な試験として機能しているのであれば、試験に向けて対策をとることはめざすべき法曹像に合致するのでは、とも思います。現在の司法試験がふるい分けとして適切なものであるのなら、その試験に向けた対応をすることは、試験を実施してどのような人物を採りたいのかという趣旨に（ひいては「司法制度改革の理念」に）あうはずなのです。その意味では、試験で要求される能力を伸ばそうという発想はあながち間違っていないとも思います。新旧の司法試験を通じて試験で求められている能力には違いはないように感じました。事実を確定して法を解釈適用するのが法曹の仕事です。法曹となる者を選ぶための試験制度が変わったからといって法曹の仕事が変わったわけではありません。法曹としてふさわしい者を選

別するという目的が共通するのであれば、新司法試験になって行政法や選択科目が加わったにせよ、試験対策の根幹は変わらないはずなのです。

法科大学院制度で何が変わったのか

従来の制度から大がかりな変更をして始まった法科大学院ですが、それに見合った劇的な教育効果をあげたかについては、あまり楽観していません。

もちろん、とても優秀な人物がいることも、法科大学院や修習で見てきました。他方で、法科大学院や修習での課題では「模範解答」を探す傾向の人もいました。正解にこだわる傾向を身につけてしまったとすると、法科大学院での教育効果とくに未知の課題に対する応用力という面では疑問を感じます。統計を取っているわけではないのですが、仮にこうした傾向が多くを占めるのであれば旧司法試験のときと同様の、いわゆる「知識偏重」「紋切り型」と指摘されてきたような弊害を生じつつあるのでないでしょうか。少なくとも、法科大学院を修了しさえすれば応用力が担保されるというわけではないようです。観測範囲が自分の周囲であるため過度の一般化はできませんが、実状のひとつの側面として参考になればと思います。

私は、法科大学院に対しては、関係者の中で実像を超えて理想化されている印象がありますが、よい法曹が湧き出てくる魔法の壺であるかのような期待をすべきではないと考えています。かつて旧司法試験や予備校に対して批判的見地から検討を加えて司法制度改革を推進してきました。法科大学院についても同じような眼差しを向けて、改めてその役割の功罪を批判的に見つめ直すことが公平なのではないでしょうか。

法曹養成制度について思うこと

東京　竹村　和也

法曹養成制度の語りにくさ――個人的体験としての法科大学院

法曹養成制度や法科大学院について議論するとき、噛み合わないなぁ、すっきりしないなぁと思うことがあります。法曹養成制度のなかで法科大学院の実情だけを取り出して議論することは適切ではないでしょうし、そもそも法曹養成制度自体が司法制度改革の他の論点と独立して語ることはできず議論を整理することが難しいからでしょうか。私自身、自分の考えをきちんと整理できていないのですが、個人的体験を踏まえて考えを述べたいと思います。

私個人は、法科大学院生活を楽しくすごすことができました。友人や教員との議論だけでなく、人権課題等について当事者・弁護士をお呼びして勉強するサークル活動、青法協の法科大学院生部会での活動など充実していたと思います。他方で、通っていた法科大学院が比較的大規模であったこともあり、五〇人前後で行われる授業も多く、丁寧な教育を受けたとは思っていません。もっとも、私自身の取り組み方にも問題があったとは思います。

経済的負担、合格率、就職難

現在（二〇一三年六月当時）、法曹養成制度検討会議（検討会議）などで法曹養成制度の見直し作業が進められています。「見直し」が行われるということは、制度に「問題がある」ことが前提です。実際、法科大学院の志願者数・入学者が年々減少し、法科大学院でのすごし方も受験勉強に特化する傾向が強いと聞きます。志望者・入学者が減り続ける要因には色々あるかと思いますが、その一つに経済的負担という問題があります。そもそも日本は高校・大学の学費を個人に背負わせる国です。それ自体先進国の中では異常なことですが、すでにそのような経済的負担を背負った若者が、さらに法科大学院の学費まで負担させられてしまうのが現在の制度です。そして、ようやく司法試験に合格したにもかかわらず、修習生の給費は廃止され借金がさらに増えていくことになります。

私が法科大学院に在学していたときも、大きな借金を背負っている友人が多くいました。司法試験に合格しなければ借金だけが増えたことになり、合格してもさらに借金を増やすことになる、何とも言えない異様なプレッシャーだったと思います。検討会議は、法科大学院では「既に充実した経済的支援」が行われており、その「拡充」が求められる、司法修習中の転居費用等を支給するなどの措置をするとしていますが、抜本的な解決策とはいえません。高校・大学の学費無償化とあわせて早急に改善が求められる点だと思います。

合格率と就職難

経済的負担と密接に関連するのが、合格率と就職難の問題です。合格率は厳しい水準のままで、合格しても弁護士が増えたことによる就職難の現実が待ち受けています。言うまでもなく、この二つは対立する要素です（合格者を増やし合格率を上げようとすれば就職難が加速する）。私としては、法科大学院の定員を削減したうえで、合格者数もある程度抑えて対処すべきように思います（合格率は下がらないようにする）。いずれにしても、合格率と就職難の問題は法曹をめざす若者の一番強い関心事です。借金だけ増えるリスクを避けるために法曹をめざすことを諦めることになりますし、法科大学院でのすごし方にもかかわってきます。とにもかくにも合格しなければならず、受験勉強に特化してしまいます。私が法科大学院にいたときも合格率と就職難の問題は話題になることが多く、皆、とても精神的に追い詰められていたように思います。

経済的負担、合格率、就職難の問題は密接に関連しあいながら、法科大学院における法曹養成にも強い影響を与えています。法曹をめざす若者のためにも早急に改善されることを望みます。

制度のなかにいる学生

いま法曹をめざすためには、法科大学院を修了することが形式的には本筋です。私自身、「事前審査から事後チェック社会」へという司法制度改革そのものに違和感を覚えていましたが、弁護士になるためには現在の法曹養成制度に従うしかなく法科大学院に入学しました。そのなかで充実した経験もしましたが、様々な制度の問題にも接しました。現役法科大学院生もそうだと思います。法曹をめざすためには制度に従うしかなかった彼らの声をもっと拾って見直し議論が進めばいいなと思います。

学生の立場に立った制度設計を

東京　宮里　民平

はじめに

私は、都内の法科大学院の既修者コースを修了しました。ロースクールでは、志を同じくする仲間と切磋琢磨し、議論を交わすことができ、自習室も与えられ、非常に恵まれた学習環境を提供していただきました。しかし、制度として考えた場合、現在のロースクール志望者が激減していることからもわかるとおり、問題点を多く抱えていることも事実だと思います。

以下、私がロースクール生活を過ごして実感したことについてご報告します。

ロースクールの授業内容や学生の学習姿勢

私のロースクールは、非常に、受験偏重的な面が強かったと感じました。ＯＢとのつながりが強く、司法試験に合格した先輩から様々な受験対策を伝授され、ＯＢによるゼミも開催されるなど、受験指導を受ける環境が充実していました。また、周りの学生たちも、もっぱら司法試験を意識した勉強を行っており、試験と直接関係しない勉強を敬遠する雰囲気を強く感じました。したがって、ロースクールでは実務的な科目や教養的な科目の授業も多くあるのですが、それらの授業は、多くの学生には好まれませんでした。

ロースクールは、従来の旧試験が受験技術に特化した勉強しか行わないということを批判し、より質の高い法曹教育を目指して導入された経緯がありますが、果たして、従来の受験生と法科大学院生とで、その勉強方法や内容に大きな違いはないのではないかとも感じました。

ロースクールのリスク

しかし、そのような学生の学習姿勢を批判することは適切ではないと私は考えています。ロースクール生にとっては、「司法試験に受からなければロースクールに入学した意味がない」からです。ロースクールに入学する学生は、みな法曹を強く目指し、様々なリスクを抱えて入学しています。

第一に、国からの補助金がでているとはいえ、その学費負担は重く、私のロースクールでは初年度の納入金は二〇〇万円にもなります。したがって、三年間ロースクールに通おうとするならば、相当な金額を投資しなければなりません。第二に、経済的負担だけではなく時間的な負担もあります。最短の場合で、二年間ロースクールに通い、一回目で合格したとしても、三年間はほとんど仕事をすることはできません。第三に、ロースクールを卒業し、司法試験に五回不合格となった場合、もう司法試験を受験することはできなくなってしまいます。

これらのリスクは、合格者数が増えたとはいえ、合格率が二五パーセント程度しかないことを考えれば、学生にとってみればかなり現実味のあるリスクなのです。このようなリスクを負っている以上、学生は、何としても司法試験に合格したいという気持ちが強くなり、受験勉強に偏った勉強をすることもやむを得ません。結局は、学生に対していくら理想の教育を実践しても、それが学生の需要を満たすものでない場合、ただの理想の押し付けになってしまうのではないでしょうか。

法曹志望者のリスクとこれからに向けて

現在では、私がロースクールに入学したときにはなかったリスクも発生しています。それは、弁護士の就職難と経済的困窮、司法修習生に対する給費制の廃止です。これらの問題を一言でいうと、「法曹になるには金がかかりすぎる上に、元も取れないかもしれない」ということです。これらのリスクを少しでも軽減するため、現在では予備試験の受験者が増え、ロースクール志望者が激減していると考えられます。

以上、経済的な話が多くなってしまいましたが、志の高い学生も多くいます。そのような学生が、経済的理由から法曹をめざすことを断念することのないような制度を作るべきです。経済的問題を回避することなく、ロースクールの理念は実現できないと私は感じました。ただし、ロースクールという学習環境は、旧来の司法試験の勉強では経験しえない実務的観点からの勉強が可能であり、この学習環境を活用することができれば、ロースクールの理念も十分に実現できると感じました。そのためにも、現場の目線で考えることが必要なのではないでしょうか。

法科大学院制度の見直しを

あいち　井上　健人

はじめに

私は、二〇〇七年、未修者枠で法科大学院に入学し、二〇一〇年に同大学院を卒業しました。法科大学院制度をすべてを否定することはできません。しかし私は、基本的には同制度は失敗であったと考えています。法科大学院制度には、特に二つの大きな問題があると思います。一つは、法科大学院を卒業しなければ司法試験の受験資格がもらえず、しかも受験年数が制限されていることです。もう一つは、法科大学院に通うには多額の費用がかかるということです。私はこれら二つの問題が法曹の質と量の低下を招く大きな要因となっていると思います。

やはり難しい資格試験

私の法科大学院時代の同期には、社会人経験を経て法科大学院に入学された方々が何人かいました。その中には非常に魅力的な人柄やキャリアを持った方々がいましたが、結局、その方々は授業について行けず自主退学したり、卒業はしたものの試験を受けずに再就職していきました。司法試験の合格のためには、一部の例外を除いて、ある程度時間をかけることが不可欠です。

そうすると、合格率が高いのは、大学の学部時代から法律の勉強をして既習者として法科大学院に入学した人という結果になります。大学時代から試験に向けた勉強をしてきた人と、まったく法律を勉強してこなかった他学部出身の社会人経験者が、「法科大学院卒業後五年以内に三回の受験」（この点は二〇一四年一〇月一日より、回数制限は廃止された。ただし、卒業後五年以内の受験という制限があるため、指摘する弊害は現在でも妥当すると思われる）という制限の下で競争すれば、後者によほどの知力があるような例外的な場合を除き、後者が負けることは明らかです。

さいごに

最近、未修者コースの募集人数を減らし、既習者コースの募集人数を増やした法科大学院が多くあると聞きます。一定程度の合格者数を確保しなければ、法科大学院は潰れます。ですから、法科大学院が既習者を多く求めることは法科大学院が生き残っていく上で仕方のないことだと思います。このような結果になることを法科大学院制度の設計者は予想できなかったのかと疑問に思います。

多様な人材を多く確保したいのであれば、少し長い年数がかかっても働きながら勉強できた以前の制度が優れているのではないでしょうか。法科大学院制度は、結果として、法曹をめざす人間の母数を減らす方向に働いたとしか思えません。また、法科大学院の授業料は高額で、国立大学でも年間八〇万円程度はかかります。そうすると、卒業するまでに授業料だけで二四〇万円はかかるということです。このことも、法曹をめざす人間を減らす要因となっていると思います。働きながら法科大学院を卒業することは不可能なことではないかもしれませんが、卒業しても司法試験に合格する力をつけていられるのは、よほど能力のある人だと思います。合格者が増えたとはいえ、司法試験がそこまで容易な試験になったとは思えません。

以上より、私は、法曹の質と量を向上させるために、法科大学院制度は見直されるべきではないかと考えます。

「法科大学院」を経験して

あいち　久野　由詠

はじめに

私は、自分の通った法科大学院に対して感謝しており、三年間はかけがえのない大切な時期だったと胸を張って言えます。しかし、個人的感覚とは切り離して客観的に眺めると、ただ目の前の期末試験、やがて挑む司法試験に向けて必死に勉強していただけだったのではないかとも思え、そのような現状は、多様で質の高い法曹を養成するという司法制度改革の目的にかなっているとは到底思えません。以下、私が法科大学院制度に対して抱く矛盾した思いを述べたいと思います。

恵まれた環境

私の通った法科大学院は、超少人数制だったため、教員と院生間の距離が近く、院生一人一人の特徴を教員がよく把握してくれており、きめ細やかな指導を受けることができました。先輩後輩間の垣根もなく、何でも相談でき、自主ゼミも盛んで、「皆で一緒に合格しよう！」という雰囲気がありました。また、各人にパソコンが貸与され、これからの時代に必須となる情報処理の授業が充実していましたし、刑事模擬裁判の履修が必修であったり、学内の付設法律事務所の企画する無料法律相談に院生が立ち会ったりなど、実務に触れる機会も多く用意されていました。

弁護士として働き始めて約二ヶ月ですが、仲間に励まされ刺激を受けながら、好きなだけ学ぶことのできる環境がいかに恵まれていたかを、今ひしひしと感じています。

問題点

しかし、前記のありがたみを享受できた背景には、多大な親の経済的負担がありました。他方、法科大学院は国からの補助金を削られないようにするため、高い合格率を維持しようと、単位認定は非常に厳しいものでした。原級留置が続出し、法曹の夢を諦め、異なる道へ進む仲間を何人も見送りました。未修者であっても法学部から即進学した人ばかりとなり、人材の多様性が確保されているとは感じられませんでした。加えて、第三者機関による認証評価制度にも疑問を感じていました。教員は法科大学院自体の存続に直結する判定結果を極度に恐れ、カリキュラムがすぐに変更になったり、院生が望む指導を大学院側が拒否したりといった現象が生じており、認証評価制度は院生にとっては弊害しかない介入だと思っていました。

志望者激減により法科大学院の統合・淘汰が進めば、今まで以上に大学院間の競争が激化し、院生のため、ひいては国民のための法曹養成という目的が見失われてしまわないか、強く危惧しています。

第三章　司法制度「改革」と法科大学院「改革」
――法科大学院教育の現場から

永山　茂樹

はじめに――トレンドとしての法科大学院批判に直面して

司法制度改革審議会が二〇〇一年六月一二日に発表した意見書（以下では意見書A）には「二一世紀の我が国社会における司法の役割の増大に応じ、その担い手たる法曹（弁護士、検察官、裁判官）の果たすべき役割も、より多様で広くかつ重いものにならざるをえない。司法部門が政治部門とともに「公共性の空間」を支え、法の支配の貫徹する潤いのある自己責任社会を築いていくには、司法の運営に直接携わるプロフェッションとしての法曹の役割が格段と大きくなることは必定である」とありました。

社会の「司法化」を推進しようという意見書Aの枠組みについては、当時から根本的な批判がありました。おおきくいうと、一つは現状の司法制度のなかの問題是正をあとまわしにしている、ということでした。また一つは、司法化を推進することで、社会のなかにある問題の解決はかえってむずかしくなるのではないかということでした。

そのさきに法曹人口の問題があります。意見書Aが提唱したのは、司法試験合格者を年間三〇〇〇人に、また法曹人口を五万人規模にすることでした。しかしこの点でも、現状の法曹養成制度のどういう点に問題があるかという論点と、かりに法曹人口が増えるなら、それによって社会の中にある諸問題は解決しやすくなるのかという論点があったはずです。

しかしときは、制度「改革」が自己目的化しがちな時代、でした。意見書Aがでた一月後、ときの首相は街頭で「自民党をぶっ壊す」とさけび喝采をあびていました。既存の制度のどこをなぜどう変えるのかということについて、損得勘定をふくめて、きちんとした検討はおこなわれなかったとおもいます。こういう雰囲気のなかで、法科大学院制度の設立準備が急ピッチですすみました。二〇〇四年四月、法科大学院制度は、司法制度「改革」の目玉の一つとして発足しました。

それから一二年がたち、法科大学院と司法試験をとりまく環境は変化しました。いまおおくのひとは、法科大学院を修了しても司法試験に合格できない者の割合が予想以上に多いことと、法曹人口の急増に仕事の増加がおいついていないことを、問題の根源として指摘します。

また国がその財政的責任をきちんと果たしていないことが、問題をいっそう深刻にしてきたとおもいます。私は法科大学院の現場で、経済的負担の重さからこころざしなかばで退学したり、公務員などに進路変更する学生、終了後はアルバイト等に忙しく司法試験の勉強にはなかなか専念できない学生を多数目撃してきました。いま法科大学院の平均授業料（年額）は、国立で八〇・四万円、私立では一一〇・一万円にもなります。「すべて国民は、法律の定めるところにより、その能力に応じて、ひとしく教育を受ける権利を有する」（日本国憲法二六条一項）「高等教育は、すべての適当な方法により、特に、無償教育の漸進的な導入により、能力に応じ、すべての者に対して均等に機会が与えられるものとすること」（国際人権規約A規約一三条）という規定が、かえりみられていないのです。このブックレットのなかでも、若い弁護士さんたちがその状況を詳細に報告するはずです。

そもそも意見書Aでは、法曹の役割が多様で広くかつ重いもの「になるとよい」という希望と、法曹の役割は多様で広くかつ重いもの「になる」という事実が厳密に分けて書かれていなかったのかもしれません。

そうして法科大学院制度批判（たたき？）がトレンドになり、こんどは法科大学院制度じたいが「改革」の対象になってしまいました。国の「法曹養成制度改革の更なる推進について」（二〇一五年六月三〇日。以下では決定B）は、二〇一五年度から二〇一八年度までを「法科大学院集中改革期間」と位置付け、「法科大学院の抜本的な組織見直し及び教育の質の向上を図る」ことを定めました。

このあと私が書くのは、そういうふうに環境や評価に影響されながらすすめられている「改革にたいする改革」の諸相と、それにたいする評価です。

私は、複数の法科大学院で授業を担当した経験があります。それとべつに、ある法科大学院の設立準備作業にすこしかかわりました。そこで知ったり感じたりしたことは、すべての法科大学院にあてはまるものではないかもしれません（おおくの法科大学院にあてはまる、とはおもっていますが）。ただ社会にたいする発信力がつよくない船が、「改革」と「改革にたいする改革」という二つの嵐に翻弄され、乗り合わせたひとたちが前例のない体験をしたということ。それをいま文字化しておくのには、それなりに意義があるでしょう。発信力があって安全そうにみえる船も、この嵐に襲われたら、危ないかもしれませんから。

いうまでもないことですが、以下のことは、私個人の責任で書いたものです。特定の組織を代表する意見ではありません。

入学者選抜

（一）統一適性試験にもとづく入学者選抜

意見書Aは「入学試験においては、法学既修者であると否とを問わず、全ての出願者について適性試験…を行…うという方向で、各試験の在り方を検討する必要がある」と、統一的な適性試験を採用することを求めました。

ここですこし古い話をひきます。一九七九年、大学入試に共通一次試験という全国統一試験制度が導入されました（一九九〇年に大学センター入学試験へ移行しました）が、そういう試験方法について、大学自治を侵害するおそれの指摘がありました。たとえば大学基準協会「共通大学入学試験に関する報告」（一九七八年三月）がそれです。

「また、大学入試制度の改革は「大学の自治」と深い関連をもっていることに留意する必要がある。どのような学生を大学に迎え、教育するかは、各大学がそれぞれ自主的に定める教育の基本方針にかかわるものであるので、入学者を全大学が画一的な方法で決定するということは、大学にふさわしいあり方ではない。とくに大学入試制度改革の名のもとに、大学教育の統制を意図するような方策は、大学自治の原則に抵触するおそれがある」

こういう理念は、法科大学院においても維持されるべきでしょう。それぞれの法科大学院が独自の視点で入学者を選抜することは、法科大学院構成員の学問・教育の自由を保障し、またそれは社会の（法曹の）多様性につながるはずだからです。各法科大学院が有する入学者選抜権は、「どの志願者の入学を認めるか／認めないか」を自律的に決定する入学者決定権と、「どのような方法で選抜を行うか」を自律的に決定しそれを実施する入学者選抜制度自主権を当然に含むとかんがえられます。

意見書Aも、大学の自主性（あえて「大学の自治」とはいわないようです）に一定配慮しています。

「入学者選抜は、公平性、開放性、多様性の確保を旨とし、入学試験のほか、学部における学業成績や学業以外の活動実績、社会人としての活動実績等を総合的に考慮して合否を判定すべきである。もっとも、これらをどのような方法で評価し、また判定に当たってどの程度の比重を与えるかは各法科大学院の教育理念に応じた自主的判断に委ねられる。」「適性試験や法律科目試験に加えて小論文や面接等を組み合わせるかどうか、組み合わせる場合の配点比率をどうするか等は、各法科大学院の自主的判断に委ねられる。」

合否判定において、統一適性試験の結果以外にどういう要素をどのくらい考慮するか。それを各法科大学院の判断に任せようとしたことは、大学自治との関係で、たかく評価してよいでしょう。ですが意見書Aは、そもそも統一適性試験を実施することを当然のこととして処理してしまったという限界がありました。入学者選抜制度自主権抜きの「大学の自主」だといえないでしょうか。

(二) 二倍基準の権力性

その後、法科大学院は、入学者決定権すら奪われていくことになります。

背景には入学希望者数の減少があります。法科大学院が発足した初年度(二〇〇四年)に七万二八〇〇名だった志願者数は、二〇一五年には一万〇三七〇名に落ち込みました。二〇一五年のじっさいの入学者数は二二〇一名となっています。受験者数を合格者数で割った競争倍率(受験者数÷合格者数)は四・四四から一・八七に低下しました。事実上の全入状況だと評するひともいます。こういうなかで、入学者数を確保したい側と、入学者数を抑えてでも競争倍率を高くしたい側とのあいだの対立が生じました。

中央教育審議会(以下、中教審)の見解はあきらかに後者の立場からのものです。

「……数は限られているものの、一部の法科大学院においては、平成二四年度入学者選抜における競争倍率が依然として二倍を大きく下回るなど、入学者の質の確保の必要性についての認識が不十分な法科大学院も見られた。入学者の質の確保が十分でない法科大学院においては、学生間の学力や意欲にも大きな格差が見られ、結果として、法科大学院が提供する教育全体の質が低下するなどの問題が生じていることもあり、法科大学院の入口での質の確保の重要性について再認識する必要がある。」（中教審・法科大学院教育の質の向上に関する改善状況調査ワーキンググループ「各法科大学院の改善状況に係る調査」二〇一二年三月七日）

競争倍率二倍という数字は、法科大学院にたいする認証評価でもつかわれています。認証評価機関である学位授与機構は、競争倍率二倍を下回ったばあい、その法科大学院に「留意事項として指摘」「改善事項として指摘」「是正を求める」ことにしています。日弁連法研究務財団も二倍基準をつかっています。

さらに認証評価を媒介にして、二倍基準は、法科大学院にたいする公的支援の条件にとりいれられています。二〇一四年度に適用された国の公的支援に関する基準では、「前年度の入学者選抜における競争倍率（受験者数／合格者数）が二倍未満」であることは、公的支援を減額する理由の一つになっています。

(三)　適性試験下位一五％の強制排除

各法科大学院には、適性試験の点数が下位一五％の者を合格させないという、いわゆる「足切り」の実施が求められるようになりました。たとえば、日弁連法務研究財団の認証評価では「適性試験の結果につき、選抜において適切に使用されているか」が調査項目にはいっています。なぜこのようなことがあるのでしょうか。

中教審「法科大学院教育の質の向上のための改善方策について（報告）」（二〇〇九年四月）には、こうあります。

「適性試験の得点も含む総合判定方式で合否を決定する場合であっても、適性試験を課している制度趣旨を無意味にするような著しく低い点数の者を入学させないよう、統一的な入学最低基準点を設定する必要がある。統一的な入学最低基準点については、総受験者の下位から一五％程度の人数を目安として、適性試験実施機関において、毎年の総受験者数、平均点、得点分布状況や標準偏差など諸要素を考慮しながら、当該年度の具体的な基準点が設定されるべきである。この目安については、将来的に、受験者の状況等を踏まえながら、適切な時期に再度の検証をすることが求められる」

しかしそこでは、

「法科大学院の入学者選抜では、適性試験、小論文、面接などの総合判定で合否が決定されているが、適性試験の成績と法科大学院の成績の間に強い相関関係は認められないため、年々、適性試験の成績の配点の比重を下げる法科大学院が増えている。適性試験は、法科大学院入学時に、法科大学院における学修の前提として要求される法律以外の能力を測るものであり、法律そのものの試験ではないので、必ずしも法科大学院の成績や司法試験の成績と相関関係が強くないが、そこで測定される一定程度の判断力・思考力・分析力・表現力等は高度専門職業人として備えるべき資質・能力である。このため、法科大学院の入学者選抜においては、他の成績と合わせた総合判定の考慮要素の一つとして、または、もっぱら入学最低基準点として、適性試験を重要な判定資料として活用することが求められる」

とあるのです。

この部分、私には、①適性試験と法科大学院の成績・司法試験の成績との相関関係は強くなく、②適性試験の成績で下位一五%を足切の目安とするが、一五%という数字の客観的根拠はなく、しかし③統一の適性試験をおこなうという趣旨から、すべての法科大学院で同一基準で足切りをする必要がある、といっているように読めるのです。どこか倒錯していませんか。

そして二〇一五年秋に中教審が実施したアンケート結果でも、未修者を対象にする適性試験について、有用性・必要性があると回答した法科大学院が一九校であるのにたいし、否定的に回答した法科大学院は二四校でした。驚いたことに、半数以上の法科大学院は、適性試験の効果を信用していない（けれど、そういう制度があるから従っているわけです）。

いや、そうではない、信用できるのだ、という声があります。

二〇一三年、適性試験と法科大学院・司法試験の成績とで相関関係があるという論文が、適性試験実施機関から発表されました（中畝菜穂子「適性試験スコアの妥当性に関する分析」）。日弁連法務研究財団理事長と商事法務研究会代表理事長の連名による「適性試験を巡る近時の意見・見解について」（二〇一六年一月）も同じたちばから、適性試験制度の正当性を論じています。その分析や主張が正しいとすれば、現在では、二〇〇九年の右記①とはちがう議論がありうるかもしれません。

だからといって、足切り制度や一五%という数字が自動的に正当化されることにはならないでしょう。

数年前、早稲田大学でひらかれた法科大学院協会総会のことをおもいだしました。ある出席者が「適性試験の成績はわるかったけれど司法試験に合格した学生がいた」という実例を紹介しました。足切り基準を安易に設定するのは危険だ、という趣旨の発言だと理解しました。その趣旨に私は共感したのですが、もっと攻勢的な議論でよいとおもいました。たとえ適性試験の点数がわるくても、将来の可能性があると判断したとき、その者を入学させて丁寧に教育することは、教育機関である法科大学院の使命に決して反しないからです。

「適性試験の結果が下位一五%の者は一般に法曹にむいてないから、あなたは法科大学院に入学するのはあきらめなさい」と国が口をはさむのは、過剰なパターナリズムではないでしょうか。

教育の内容と方法

(一) 教育内容に対する評価基準

もともと科目の体系や卒業に必要な単位数などは、文部科学省の法科大学院設置基準できまっています。法科大学院をつくるときに、その基準に合致しているかという審査がありました。ですが法科大学院が発足したあとから、設置段階とは異なる国や審査機関の基準が付け加えられてきたとおもいます。もちろん、認可をしたあとになって公的な基準を厳しくするということはありうるとおもいますが(原発行政など、むしろそうあってほしいものの代表です)、程度というものがあるでしょう。次々と改められる基準に対応して制度をなおし、報告文書を作成するといった作業は、法科大学院の教職員にとって、日常のおおきな負担になっています。

しかも基準の意味がよくわからないことがあります。たとえば、認められない受験指導と認められる教育との違い、です。受験指導に傾斜しすぎると、法科大学院の理念に反すると批判されます。第三者評価で「受験指導に該当する」と問題視されないよう、多くの法科大学院が神経をとがらせます――慶応や明治のようなおおきな法科大学院は乗り越えられたけれども、小さい法科大学院にとって、ああいった不祥事は致命的なものになってしまいますから。

しかしその指針ともいうべき中教審法科大学院特別委員会「法科大学院における司法試験に関連する指導方法等の具体的な取り扱い（案）」ですら、二〇一四年五月に作成されたもので（ではそれ以前の審査はどんな基準だったのか）、しかもいまだに「検討中」のはずです。私はここで「漠然性ゆえに無効」という言葉をおもいだしました。

（二）共通的な到達目標の制度化

教育内容についても「改革」がすすめられています。「共通的な到達目標」（コア・カリキュラム、以下、コアカリ）の導入が、その典型例です。

二〇〇九年に発表された第一次案で、なぜコアカリを作る必要があるのかが説明されています。

それによると、修了生の一部に、

「法律基本科目等に関する基礎的な知識・理解や法的思考能力が十分身についていないと思われる者が見られる、との指摘がなされ、また、法科大学院が担うべき法律実務基礎教育の内容については、明確な共通の理解が必ずしもないことから、法科大学院によって、その教育内容が不統一であるとの指摘もなされる」が、そのような「状況を招いた原因の一つが、法科大学院教育を通じて、各学生が、どのような事項を学習し、どのような内容及び水準の知識あるいは能力を修得すべきであるかについて、必ずしも十分な共通了解が存在しておらず、したがってまた、単位認定や修了判定に際しても、どのような観点・基準にしたがって成績評価を行うべきかについて共通の認識がえられていないという点にあると考え」

だから、コアカリが必要だというのです。そして第一次案のときに示された基本的な問題意識とコアカリの意味については、翌二〇一〇年に公表の第二次案でも踏襲されています。

新試験を経て現場にでた法曹諸氏の能力は不十分だ、という批判を、しばしば耳にします。法科大学院はより質の高い法曹を養成しなければならないし、そういった批判に耳を傾けなければならないとおもいます。ですが原因は法科大学院における教育内容の不統一性にあったのでしょうか。もともとの旧試験のことをおもうと、原因を不統一性に求めるのは、納得がいきません。

説明のなかでは、コアカリのミニマム的性格が強調され、したがって各法科大学院がそれ以上の内容の教育を行うことは制限されていません。またコアカリの内容すべてを授業で取り上げることを意味するわけではなく、学生の自学自習とあわせての到達目標であることが述べられています。ですからコアカリは形式上、法科大学院における教育にたいする強制的な基準というわけではないのです。「授業内容を直接に定めるようなコア・カリキュラム案は、各法科大学院の創意工夫に対する重大な制約となり、法科大学院教育のあるべき姿とはいえない」（第二次案）という箇所には、法科大学院の有する教育内容決定権への配慮がみてとれます。

ですが、現場においてコアカリの果たす機能のことを想像してみると、すこし楽観的すぎるようにおもいます。教員にとって、コアカリ以上を扱う時間的余裕はないでしょう。学生にとって、コアカリ以上を扱う授業を受けることは負担になるでしょう。ですから、じっさいには少なからぬ法科大学院で、コアカリはミニマムであり、かつマキシマムとして機能しているはずです。つまりコアカリの内容を事実上の「国家の唯一の教義」へと昇華（あるいは堕落？）させる理由はあるし、おそらく容易にそうなるものなのです。

コアカリの内容にも問題があります。憲法についていうと、過度の判決例中心主義の傾向があるようにおもいます。とくに最高裁判決と学説との違いがめだつ領域（たとえば平和主義や政教分離など）、あるいは判決例の空白領域で、あたらしい法規範を創造することのできる法曹を養成していくことが重要です。その点で、過度の判決例中心主義は弊害がおおきいようにおもいます。もっともこういうことは法科大学院「改革」だけで解決できることではありません。司法試験問題の作成と採点における判決例中心主義とあわせて、法曹養成制度全体として取りくまなくてはならない課題でしょう。

さらにいま二〇一八年度の本格実施にむけて、共通到達度確認試験の導入準備がすすめられています。試行試験の問題をみるかぎり、設問はかなり単純化されています。学生には、コアカリ以上に、最高裁判決例の「丸呑み」が求められることになりそうです。なお決定Bでは「将来的に確認試験の結果に応じて司法試験短答式試験を免除することを想定し」ていると記載されています。

（三）裁判官・検察官の派遣

法科大学院には、裁判官・検察官が教員として派遣され、「法務基礎」「実務基礎」などといった名称の科目を担当することが多いようです。裁判官・検察官派遣法一条は、「国の責務として、裁判官及び検察官その他の一般職の国家公務員が法科大学院において教授、准教授その他の教員としての業務を行うための派遣に関し必要な事項について定めることにより、法科大学院における法曹としての実務に関する教育の実効性の確保を図り」とうたいます。派遣をすることが国の責務として位置付けられていることは注目されます。ところが、具体的にだれを派遣するかということは派遣元が決定し、そこに法科大学院が関与することはありません。また派遣された裁判官や検察官が、派遣元の意向を受けながら派遣先の法科大学の運営にかかわる可能性もあります。そうすると、大学自治の中核である教員人事権や教育内容自主決定権との抵触が心配されます。これらのことは派遣制度がつくられるときの国会審議でも問題になりました。

○木島日出男議員「法科大学院への現職の裁判官、検察官、その他一般職の国家公務員が公務員の身分を持ちながら派遣されることに対して、私、一番大きな危惧は、何といっても法科大学院の自律、自治に対する、これが守られるのかという問題です。三つの側面で私、危惧を持っています。一つは存立とか大学の統制につながらないか、二つ目には教育の内容に対する危惧です。三つ目は司法試験との関係の危惧です。……派遣しないとか、派遣した教官が、裁判官や検察官が大学当局とぶつかって引き揚げてしまうということになりますと、大学は存立できない。かつて、戦前に軍国日本が、陸軍大臣、海軍大臣が引き揚げられたときに内閣が崩壊すると同じような生殺与奪の権限が派遣する方によって握られるということになるんじゃないか」

○道参考人「私は先生のおっしゃるとおりであるというふうに思います。怖いのは、現実に例えば派遣をする省庁がそういう残酷なことをするかどうかという、現実的な予測がどうということではなくて、そうなるんじゃないかなと思う恐怖感が怖いんだというふうに私は思っています」（衆議院法務委員会二〇〇三年四月一五日）

ではじっさいには、どういう問題が起きているのでしょう。

法曹養成制度改革推進会議「法科大学院に対する裁判官及び検察官の教員派遣の見直し方策について」（二〇一四年四月一八日）は、公的支援削減策の一環として、二〇一五年度から、一定の条件に該当する法科大学院への派遣を取りやめることを決定しました。対象となるのは「（一「法科大学院の組織見直しを促進するための公的支援の見直しの更なる強化について」（平成二五年一一月一一日文部科学省）の基準のうち、第三類型に該当した法科大学院　二　前記一の基準のうち、第二B又は第二C類型に該当し、かつ、該当すると判定された年度（当該年度）の直近の入学者選抜における入学者数が一〇名未満の法科大学院）」、ようするに文科省からみて成績のあまりよくない法科大学院です。

その結果、派遣を取りやめられてしまった法科大学院は、急遽、別の教員に講義担当を依頼することになりました。入学案内パンフレットなどで「派遣裁判官・検察官による講義」を約束していた法科大学院にとって、問題は複雑でしょう――学生にたいする約束を履行できないわけですから。こうしてみると、派遣制度は、法科大学院が有する人事権だけでなく教育内容決定権をも侵害しうるものといえます。道参考人の発言は、現実味があるのです。

そもそも法科大学院における教育の質を向上させるという目的との関係で、派遣の取りやめという手段には合理性があるでしょうか。目的に反する手段であって、だから、合理性はないと、私はおもいます。派遣を取りやめることによって、その法科大学院の教育の質は劣化する危険があるからです。教育の質が不十分だと判断した国が、その質をあげるどころか、かえって悪いものにしようとしているのです。

しかもそれは、法科大学院「改革」の名で、特定の法科大学院と、そこに在籍する学生に特別の不利益を課すことになります。そのことは個々の学生、ならびに各法科大学院ごとの司法試験の結果にひびかないのでしょうか。法の下の平等との関係でも、非常に問題のある方策です。

おわりに――なぜ法科大学院の自治にこだわらなければいけないのか

（一）大学自治の主体としての法科大学院

ここまで読んでくださった方は、私の議論が、「大学の自治論（芦部『憲法』は、「学問の自由の保障のコロラリー」と位置付けています）を法科大学院に忠実に適用すべきである」という主張をベースにすることにお気づきでしょう。

法科大学院は、一般の大学・大学院と同様に、大学自治の主体である。この原則は、法科大学院制度が発足する段階で確認されていました。ですから法的には議論済みのことです。さらに学校教育法九九条が、大学院の一つとして専門職大学院を位置付けたことは、専門職大学院もまた大学自治の主体であることの根拠としてあげることができます。ですがその実質的理由はどこにあるのでしょうか。

それは法律が、国家権力によってつくられながら国家権力を拘束するという、不思議な性質をもつ規範であるということとかかわっています。さいきん、「憲法は国家を拘束し、法律は国民を拘束する」という奇妙な二元論的説明が散見されます。それは不正確です。法律もまた国家権力――たとえば課税・徴税権や刑罰権――を拘束するという性質をもった規範ですから。であれば法曹は、すべての法領域において、国家権力と緊張関係をつねにもちながら、法律の運用と創造にたずさわることが求められます。法曹を養成する法科大学院もまた、国家権力から独立する必要があるのです。

かつての滝川事件（一九三三年）で京都帝国大学法学部教授・滝川幸辰の刑法学説が、また天皇機関説事件（一九三五年）では東京帝国大学法学部教授・美濃部達吉の憲法学説が弾圧されました。大日本帝国は、法学部教授たちを国家の法制テクノクラートとして馴致しようとし、まつろわぬ者どもを排除してきたのです。これらの事件は、国家と法学部のあいだにある緊張関係を国家権力のほうから解消しようとする試みだったといってもよいでしょう。ですから、私は法科大学院であっても大学自治の主体である、のではなく、法科大学院であるからこそ大学自治の主体であるべきだ、とかんがえています。

ところがこれまで述べてきたように、①入学者選抜権（適性試験の実施、二倍基準、下位一五％の足切りなど）、②教育内容決定権（コアカリ）、③教員人事権（派遣裁判官・検察官の引き揚げ）、④財政自主権（公的支援の削減）、さらに⑤（今後導入が予定されている共通到達度試験の制度内容しだいでは）進級・修了認定権、など、これまで大学自治の具体的内容とみなされてきた諸権限がつぎつぎと侵食されつつあるのです。

そしてそのもっともエスカレートしたものが、法科大学院を閉鎖に追い込むための権力行使です。法科大学院の数はピーク時に七四校あったのに、すでに三〇校以上が廃止・募集停止または募集停止を決定したので、その数は六割に減りました。ですが国は、司法試験合格率、定員充足率、入学試験における競争倍率などの指標をもちいながら、法科大学院にたいしてさらに統廃合を強要しつづける方針です（決定B）。

その際、学校教育法一五条で規定する、法令違反の学校にたいする文部科学大臣の勧告・変更命令・組織閉鎖命令の措置を段階的にもちいることも示唆されています。この一五条は、学校教育法が定める形式要件に故意に反した学校運営を行ったり、教職員との関係において労働法違反を繰り返すといった学校を対象にして発動されるべきものです（なお私立学校法および労基法違反を理由に、私立学校法六二条にもとづいて、文部科学大臣が私立学校に解散を命じた堀越学園事件を参照）。行政機関からみて教育の効果が不十分だ、といったようなばあいに援用されてよい権限ではありません。

（二）法科大学院は大学自治を破壊するトロイの木馬か

自治を否定する議論の射程は、それでは法科大学院にとどまるのでしょうか。この議論は、法科大学院の特殊性論に依拠せず、けっきょくのところ、大学自治一般を否定することにつながるのではないでしょうか。法科大学院も大学自治の主体であるということを前提にすると、いま侵食されつつあるのは、法科大学院の自治ではなく、大学自治一般なのです。もしかすると、法科大学院「改革」は、大学自治を否定（「改革」）するための、トロイの木馬なのかもしれません。

大学教授会は、憲法が保障する大学の自治を担う主体として、重要事項を審議するという役割を果たしてきました。ですが学校教育法と国立大学法人法の改悪（二〇一四年）によって、大学教授会は大学自治の中心的組織としての地位から追われてしまいました。権限は学長に集中されつつあります。そういう文部行政の全体状況と関連させながら、法科大学院「改革」の意味をかんがえることが重要ではないでしょうか。ですから、冒頭でとりあげたトレンド＝法科大学院批判論にくみすることは非常に危険なのです。

＊中教審法科大学院特別委員会（第七四回）は、法科大学院入試（既修・未修とも）において、統一適性試験の利用を各法科大学院の任意とすべきだという報告書をまとめました（二〇一六年五月一一日）。もしこれが実現すれば、そのぶんだけ、入学者決定権と入学者選抜制度自主権が拡充する可能性がひらけるようにおもいます。もちろん各法科大学院の責任もおもくなるでしょう。

第四章　法曹養成制度の再「改革」に向けて

立松　彰

一　適性試験の「任意化」というニュース

二〇一六年五月九日の朝刊各紙に、中教審の作業部会が法科大学院受験者全員に課される共通テスト「適性試験」について、今後は利用するかどうかを各大学院の任意とするとの報告書をまとめたことが報道されている。

この作業部会とは、二〇一五年七月に中教審の法科大学院特別委員会の下に設置された「法科大学院全国統一適性試験の在り方に関するWG」のことで、「近年の法科大学院入学者選択の実施状況等を踏まえ、適性試験の在り方に関し、調査・分析・検討を行う」ものとされている。二〇一六年二月の同委員会に配布された「報告書骨子案」によると、入学者選抜における有用性に関して「未修者については肯定的・否定的双方の回答があり、既修者については否定的な回答が大半」という有用性への疑問や「適性試験の実施が志願者確保に与える影響について、障害になっている面がある」という法科大学院側の問題意識などから、適性試験の活用を、既修組、未修組ともに法科大学院の任意とする方向での見直しが検討されていたものである。

二「改革」の嵐の中の法科大学院

「質・量ともに豊かな法曹」を養成するための「プロセスとしての法曹養成制度の中核」として創設された

法科大学院制度であるが、設置から一二年を経た今、法的需要の増大のない中で弁護士人口のみが増大したこと（弁護士過剰）により、弁護士の就職難や即独者等のＯＪＴ不足問題等が深刻化し、他方で法科大学院をとりまく状況は、志願者の大幅な減少（注一）とこれによる定員割れ（注二）、司法試験合格率の低迷等により危機的状況にある。二〇一六年三月末までに、廃止を含めた募集停止を表明した法科大学院は三一校にのぼっている。

また、法科大学院制度が法学部と切断されて創設されたことにより、法曹養成制度と研究者養成制度のいずれについても基盤であるはずの法学部・法学研究科（研究大学院）の衰退を招いている（注三）。

こうした中、二〇一五年六月三〇日付法曹養成制度推進会議決定（注四）が、「平成二七年度から平成三〇年度までの期間を法科大学院集中改革期間と位置付け（る）」など、文科省主導による「改革」の嵐のただ中にある（注五）。しかし、文科省による「改革」は、いわゆる「下位校」の半強制的な統廃合や定員削減等により修了者数を削減させて合格率を七、八割に近づけようとするものであり（注六）、「上位校」とされる法科大学院の生き残り策にすぎない。文科省による「改革」には、国民のための法曹養成という観点や法曹志望者の視点が欠落しているのである。

三　アメリカロースクール制度の模倣

新聞報道にある適性試験の「任意化」も文科省主導の「改革」の一つである。

冒頭の報道において、読売新聞は、「これにより、適性試験は廃止に向かう見通しで、法曹としての資質を入り口でチェックしてきた法科大学院は当初の制度設計から一層乖離が進むことになる」と報じた。たしかに、今後廃止に向かうと思われる。しかし、指摘されるべき点は、そもそも法学部卒業生にもこの試験を課す必要があったのか、である。学部段階に法学部のないアメリカにおいては、ロースクール進学に際し、法律を学ぶ適性をチェックするためにLSATなる試験が実施されているが、法学部が存在し司法試験受験生の多くが法学部卒であったわが国において、LSAT類似の試験を導入する必要性・必然性はなかったのではないかと思われるのである。

司法制度改革審議会（司法審）意見書（二〇〇一年六月一二日）は、アメリカのロースクール制度を模倣して新たな法曹養成制度として法科大学院制度の導入とその基本設計を提言した。その中で、意見書が入学者選抜に関してかかげた「基本理念」は、「公平性、開放性、多様性の確保」であり、具体的な指針として以下を提言していた。

○「多様なバックグラウンドを有する人材を多数法曹に受け入れるため、法科大学院には学部段階での専門分野を問わず広く受け入れ、また、社会人等にも広く門戸を開放する必要がある」

○「入学試験においては、法学既修者であると否とを問わず、すべての出願者について適性試験（法律学についての学識ではなく、法科大学院における履修の前提として要求される判断力、思考力、分析力、表現力等の資質を試すもの）を（中略）行うという方向で、各試験の在り方を検討する必要がある。その際、適性試験は統一的なものとすることが適切である」

四「多様性」はどこへ

それまでの司法試験制度は統一・公平・平等な制度として高く評価されていた。司法試験自体に「公平性、開放性」が具備されており、ここから人材の「多様性」も生まれた。自己のライフスタイルに合わせて学習と受験が可能であり、多様な人材が受験し、また合格もした。しかし、新制度が法科大学院進学を「強制」したため、入学者選抜において「公平性、開放性、多様性」を確保するという困難を強いられることとなり、新たに「法学未修者」と「法学既修者」という類型を創造し、「三年間の履修で七、八割合格」という「謳い文句」の下に「未修者」の入学を「誘導」することになったのである。

そして、設立当初こそ法学未修者や社会人も多かったものの、その後、法曹資格取得までの経済的、時間的な負担の過重さ、弁護士過剰による就職難や収入減など法曹の魅力の低下による法曹志望者の減少等により、「法学未修者」や社会人の進学は減少した。それでも「既修」と「未修」という分類は維持され、法学部で習得した実力に自信のもてない者や初歩から学びたい者は「未修」に入り、「法学未修者」の大部分が法学部卒業者になった。こうして、適性試験の意義は希薄となったのである。

五　法科大学院創設に至る経緯

法科大学院の今日の危機は、アメリカのロースクール制度を単純に模倣して拙速に導入したことによる制度の不完全さにある。ここで、法科大学院制度の創設の経過を見てみよう。

ロースクール制度に関する議論は古くからあったが、現実的でないとする見方が大勢を占めていた。

しかし、一九九七年一一月に自民党司法制度調査会が「司法制度改革の基本的な方針――透明なルールと自己責任の社会に向けて」において法曹人口の大幅増員とロースクール方式の導入を提言し、また一九九八年一一月に大学審議会答申「二一世紀の大学像と今後の改革方策について――競争的環境の中で個性が輝く大学」が「法曹養成のための専門教育の過程を修了した者に法曹への道が円滑に開けるしくみ（例えばロースクール構想など）について広く関係者の間で検討していく必要がある」と提言すると、にわかに現実味を帯びるようになった。(注七)

そして、一九九九年六月に司法審が設置され、二年の審議を経て二〇〇一年六月一二日に公表された意見書は、司法制度改革の「目玉」として裁判員制度などとともに法科大学院制度の導入を提言。司法審設置の前後より、かなりの大学で法科大学院の創設に向けたシンポジウムが開催され、意見書公表後は、「バスに乗りおくれるな」とばかりに、司法試験に実績のない大学も含め多くの大学が法科大学院創設に邁進した。

二〇〇一年六月一五日、政府は「司法制度改革審議会意見に関する対処方針」を閣議決定し、三年以内を目途に司法制度改革関連法の成立を目指すとした。二〇〇二年一一月の「学校教育法の一部を改正する法律」、「法科大学院の教育と司法試験等との連携等に関する法律」、「司法試験法及び裁判所法の一部を改正する法律」並びに二〇〇三年四月の「法科大学院への裁判官及び検察官その他の一般職の国家公務員の派遣に関する法律」等の立法化を経て、二〇〇四年四月、六八校(その後七四校に)の法科大学院が開設された。(注八)

六　法曹人口増大のための法科大学院制度

今日の法科大学院制度の危機の原因としては、適性試験の帰趨にみられるようなアメリカのロースクール制度を模倣した不完全な制度設計であったこととともに、法曹人口増大のための法曹養成制度として法科大学院が創設されたことも大きい。

司法審意見書は、法科大学院を「修了した者のうち相当程度(例えば約七~八割)の者が……新司法試験に合格できるよう、充実した教育を行うべきである」という目標を立て、他方で「二〇一〇年頃までには新司法試験の合格者数は年間三〇〇〇人達成を目指す」べきとし、これにより、「おおむね二〇一八年ころまでには、実働法曹人口は五万人に達することが見込まれる」とした。年間合格者三〇〇〇人、実働法曹人口五万人という目標の下、法曹人口増大のための法曹養成の方法としての法科大学院の創設であった。

しかし、そもそも五万人の実働法曹が必要とされる根拠は乏しく、「年間合格者三〇〇〇人」についても同様であった。これらは、教育の現場の実情やその能力から算出された結果ではなく、はじめから決まった政策目標であった。そのため、最高裁との関係で司法修習を一年に短縮して残すものの、法学部教育との関係は切断され、ほぼ法科大学院だけで法曹養成が完結できるように急ごしらえされたのである。

そして、合格者三〇〇〇人を見越して七四校も開校されたが、合格者増の見込みは大きくはずれ、二〇一二年の二一〇二人をピークに合格者は減少したのである。(注九)

七「司法改革」運動のなかの増員論

「二〇一〇年頃までには年間の合格者三〇〇〇人をめざす」という方針は、司法審意見書にて「宣言」され閣議決定までされながら、結局実現されることなく、その閣議決定も二〇一三年に撤廃された。では、何故「三〇〇〇人」が提言されたのか。端的に言えば、「司法改革」運動の熱気の中で日弁連が「合格者三〇〇〇人」を受け入れたからである。

実は、合格者増員問題は、一九八〇年代後半以降、政府の重要な司法政策課題となり、日弁連の「司法改革」運動は、会内に対立的な議論を生みながら増員に向け突き進んでいった。そこで、「司法改革」運動における増員人口・法曹養成問題に目を転じてみよう。(注一〇)「歴史」の勉強と思って、しばらくおつき合い頂きたい。

(1)検事任官者不足を背景とした司法試験制度改革論議

司法試験合格者は一九六五年(一七期)以降およそ四五〇人から五〇〇人の間で推移していたところ、一九八六年登録(三八期)の検事任官者が戦後最低(三四人)となった。これを法務省は、「司法試験があまりに狭き門のため、平均年齢が年々高齢化したこと」が原因であり「若くて優秀な人材確保」のための司法試験改革に着手する必要があるとして、一九八七年に法務大臣の私的諮問機関として法曹基本問題懇談会(以下、基本懇という)を発足させた。これを発端に増員論議がその後大きく展開される。

一九八八年三月基本懇は意見書を提出。これを受けて法務省は同年四月に人事課長名で司法試験改革試案を公表し、受験回数制限と合格者七〇〇名への増加を提言した。

⑵若年者優遇策と連動させた増員論議

一九八九年一二月より司法試験制度改革を議題に法曹三者協議会が開始。翌一九八九年一一月法務省は「司法試験制度改革の基本構想」を公表し、①若年者優遇策として甲案、乙案、丙案のいずれかの実施、②合格者数の七〇〇名程度への増員を提案。弁護士会は、この丙案問題に大きく揺れた。

一九九〇年四月より日弁連会長となった中坊公平氏は、度重なる「司法改革宣言」を出すなどして「司法改革」運動をすすめた。法務省はじめ外部と協調路線をとる中坊氏は同年七月の臨時理事会に、突如、三者協議における日弁連提案として、①合格者を七〇〇人に増員、②司法試験の抜本的改革を検討するため法曹養成制度改革協議会(以下、改革協という)の設置、③五年間実施して合格者の若返りが図られないときの丙案実施を内容とする提案をした。そして、単位会の反対を押し切り、翌週の理事会にて承認を取りつけた。

同年一〇月の三者協議において、①改革協の設置、②合格者の増員を五年間先行、③丙案導入の検証期間を五年として検証基準をクリアしない場合は一九九六年から丙案導入(合格者約七〇〇人のうち約二〇〇人を受験回数三回以内の受験生から選抜)を内容とする「司法試験制度改革に関する基本合意」が成立。

⑶弁護士バッシング・規制緩和・競争原理を背景とした大幅増員論議（改革協）

「基本合意」を受けて一九九一年六月、法曹三者協議員と外部協議員からなる改革協が発足したが、弁護士バッシング・規制緩和・競争原理導入を背景にした単純かつ大幅な増員論が強力に展開された。

一九九四年八月、日弁連執行部は改革協に提出する改革案として、「判事・検事の増員とともに弁護士人口も増加すべき、そのために合格者を相当数増員すべき」との抜本的改革案大綱を公表、一方検証なき増員に危惧をもつ有志会員からの「七〇〇人以上の増員は七〇〇人増員の結果の検証をしたうえで決定すべき」との臨時総会招集請求がなされ、同年一二月の臨時総会にて前記大綱（執行部案）が承認された。

「基本合意」以降の合格者増員により合格者の若年化が進んだものの検証基準のクリアは困難な状況であったが、一九九四年度司法試験は、三年以内合格者が二五％、五年以内が五二％と若年化し、検察官の任官者は七五人と増大し、丙案導入の前提事実は消滅しつつあった。

ところが、一九九五年七月の改革協において法務省は、基本合意による五年間七〇〇人経過後の「一九九八年より合格者一〇〇〇人、修習期間一年とし、それから数年後を目途として一五〇〇人程度への増員」などを内容とした改革案を、次いで最高裁も概ね同様の案を提示した。

他方、行政改革委員会規制緩和小委員会は同年七月、「司法基盤整備ができなければ増員に応じられないというのであれば、日弁連は自治責任を全うしているとは言えない」、「弁護士の法律事務独占を廃止し、司法書士などを部分参入させるべき」などという弁護士自治や弁護士法七二条の見直しにまで踏み込んだ「法曹人口の大幅増員」を提示し、日弁連執行部を動揺させた。

日弁連執行部は一九九五年九月の理事会に、「平成一一年から合格者一〇〇〇人、修習期間二年堅持」という新方針を臨時総会の執行部案とし、同年一一月の臨時総会において承認を得た。

改革協は一九九五年一一月意見書を公表。多数意見は、中間的に合格者を一五〇〇人程度、修習期間の大幅短縮としたが、日弁連は、修習期間短縮に反対、合格者は一〇〇〇人との少数意見であった。

ところで、同年一〇月三一日発表の司法試験結果は、「基本合意」の検証基準に達しなかった。そのため、一二月一一日の司法試験管理委員会において、最高裁と法務省は、日弁連の反対を押し切り一九九六年度司法試験からの丙案実施を決定した。

⑷大量増員のための司法修習期間短縮の論議

改革協意見書の公表を経て一九九六年七月、「司法試験制度と法曹養成制度の抜本的改革」を議題とする三者協議が開始、この中で最高裁は修習期間一年への短縮を提案、日弁連の二年と対立していたところ、法務省が一年六ヶ月案を提案した。

この事態に弁護士会内から二年堅持が強く主張され、会員から臨時総会招集請求がなされたところ、日弁連執行部は従前の方針を転換して「修習期間を一年六ヶ月に短縮、一九九八年から合格者一〇〇〇人」とする執行部案を提出した。一九九七年一〇月一五日開催の日弁連臨時総会にて執行部案が承認された。

同月二八日の三者協議において、①合格者を一九九八年度に八〇〇人程度、二〇〇〇年度から一〇〇〇人程度、②一九九四年度に始まる修習生（五三期）から修習期間を一年六ヶ月とする等の合意が成立した。

八　司法審にて（三〇〇〇人容認と法科大学院創設へ）

経済界や自民党などからの規制緩和に適合的な新自由主義的司法制度改革の要求をうけ、(注一一)一九九九年、内閣の下に司法制度改革審議会（司法審）（一九九九年六月〜二〇〇一年六月）が設置された。日弁連から委員として送られた中坊公平氏が三〇〇〇人説を主張したこともあって、司法審は三〇〇〇人への増員を打ち出した。しかし、これは日弁連内の増員論者の中でも驚きであったが、久保井一匡日弁連会長（当時）は、二〇〇〇年八月の司法審プレゼンテーションにおいて、三〇〇〇人の容認を表明したのである。

この三〇〇〇人の容認を「会員の総意」とするために、日弁連執行部は、三〇〇〇人への増員を容認する「国民が必要とする数を、質を維持しながら確保するよう努める」という提案と法科大学院制度の導入を認める提案を、二〇〇〇年一一月一日の臨時総会の議題とした。日弁連執行部からは、「法曹一元制度と大きな司法」を実現するための法曹人口増加が繰り返し強調された。

当日の臨時総会においては、法科大学院制度についてはほとんど議論のないまま打ち切られ、採決が強行。合格者三〇〇〇人とそのための法科大学院制度の導入が承認された。しかし、その数週間後に公表された司法審「中間報告」では法曹一元制度は棚上げされたのである。（注一二）

二〇〇一年六月一二日司法審は司法試験合格者三〇〇〇人と法科大学院の創設を内容とする意見書を小泉純一郎首相（当時）に提出した。

九　若手会員の体験談にみる制度設計の欠陥

第二章の体験談は、法科大学院制度の制度設計の欠陥を自らの体験に基づきつつ「告発」している。

⑴経済的負担の問題（注一三）

弁護士会が法科大学院制度について最も問題としているのは、法科大学院修了を受験資格としたことである。これにより、法曹資格取得に、時間的負担ばかりでなく、多大な経済的負担を伴うようになった。経済的に豊かな家庭の子弟しか受験できなくなるという危惧が現実化しつつある。このことは、司法試験制度の「公平性」を大きく損なうばかりでなく、法曹志望者減の大きな原因ともなっている。

学生時代から奨学金という名の借金をかかえているうえに、法科大学院の高額な学費を負担しなければならない。司法試験に合格するまでに一〇〇〇万円近い借金をかかえる者もおり、旧試時代には考えられなかったことである。弁護士になってからの収入がそれなりに見込めれば、法科大学院の高額学費にも何とか耐えられるとしても、就職難収入減の時代であり、その見込みも不透明なのである。

社会人の場合は、仕事をやめて無収入になったうえで法科大学院に進学するのであり、その経済的負担ははかり知れない。合格の見込みが高く、かつ修習終了後の就職の見込みがうすければ到底チャレンジできないであろう。人生設計上の究極の選択を迫られるのである。

こうした法科大学院の高額学費に給費制の廃止が追い打ちをかけている。貸与制になったことで、さらに三〇〇万円近い借金をかかえるのである。司法試験に合格しても、修習を諦め、他職に転身する者もいる。

経済的に苦しい故に書籍の購入や社会活動等への参加を控えざるを得ないというのは由々しきことである。また、晴れて弁護士登録したとしても、経済的に苦しい立場に追い込まれている若年弁護士が期待されているような公益的活動を十分できるか、との疑問や不安は、「公益的活動」に社会的意義を感じて法科大学院に進学した法科大学院世代が最も敏感に感じているところである。

(2)「受験指導の禁止」という不合理

合格率等が補助金の配分に影響するなど大学運営上の最大関心事であり、かつ最終目標が司法試験の合格にありながら、受験指導してはいけないという矛盾は、大学側にとってばかりでなく、高額の学費を支払う側にとっても到底納得できないところである。どのような指導をするかは大学側に委ねるべきことである。

こうした「規制」が設けられたのは、司法審意見書が、「司法試験における競争の激化により、学生が受験予備校に大幅に依存する傾向が著しくなり、『ダブルスクール化』、『大学離れ』と言われる状況を招いており、法曹となるべき者の資質の確保に重大な影響を及ぼすに至っている」等と、予備校を目の敵にしたことにある。予備校に流れた受験生を取り戻そうという大学側の願望と合致し、多くの大学を法科大学院創設に「誘導」した面も否めない。しかし、ここには、予備校の利用方法や利用頻度は、受験者が自ら「選択」していたという事実が意図的に隠され、予備校弊害論が過大に宣伝されていたのである。

⑶「純粋未修」の厳しさ

今や「未修」の大部分は法学部卒である。前述したように、アメリカ型ロースクール制度の模倣による失敗の典型である。未修は一年間で既修組に追いつくことが前提とされているが、一年間で既修組と同じレベルに達することは困難であるし、そもそも既修組ですら二年間で基本六法等をマスターしろというのは、判例法主義ではなく成文法主義をとるわが国の法制度の下では極めて困難である。

こうしたシステムは、「多様性」にひかれ、夢をもって進学してきた未修組に過酷な学習と過大な負担をかける。せっかく進学しながらもついてゆけず、修了に至らない者も多いというのは、人材の損失でもある。

近時は緩和されているものの、前述の「受験指導の禁止」や回数制限は、未修の困難に拍車をかけており、社会人を含む未修者の司法試験離れを招いている。

なお、未修組は法律の基礎が身についていないのであるから、この一年目にソクラテスメソッドを用いることは全く意味がないにもかかわらず行なわれてきた。アメリカの模倣の失敗である。

⑷精神的負担について

公にはあまり取り上げられることがないものの極めて重大な問題として、精神的負担の問題がある。進級認定や修了認定の厳しさ、そして受験回数制限下での司法試験受験に伴うストレスがあり、これに起因する鬱などの精神疾患等もあるという。

既修組に二年でマスターせよ、というのも厳しい注文だが、未修組でも三年でマスターせよというのは、前述の未修の困難性を考えると、未修者にとっては精神的により厳しいものがある。予習、復習の勉強に明け暮れ余裕のない毎日が精神的に良いはずはない。旧試時代は、ライフスタイルに合わせて、自らの「選択」で学習の方法や辞め時を決めることができたが、法科大学院では、入学した以上、定められた期間で進級、修了の各段階を通過し、回数制限内に合格しなければならない。しかも、合格率は当初の予想に反し著しく低い。こうした中で合格しなければならないプレッシャーは、多大な精神的負担となるのである。

⑸「社会」への不信

高らかな「理念」に共鳴して希望に燃えて進学したものの、「二、三年の学習で司法試験の合格率七、八割」という当初の触れ込みとは大きく異なった。多大な経済的負担、精神的負担等を強いられたうえ、進級認定、修了認定は厳しく、学習は極めてハード、司法試験の合格率も極めて低い。

幸い合格できたものの、給費制は廃止され、しかも弁護士過剰で就職難、先行きが見通せない。他方、志や希望をもって進学しながら、修了まで至らなかった者、修了したが受験を断念した者、回数制限により最終的に合格できなかった者、合格したが修習を断念した者などが身近に存在する。

こうした体験から、法科大学院修了者は、おしなべて制度「改革」に翻弄され、社会（大人）に裏切られた思いがあり、この思いは、大量増員の旗を振り法科大学院制度創設に邁進した弁護士会に対しても及ぶ。会費が極めて高いにもかかわらず、何もしてくれない弁護士会には特別な期待はしない、という若手弁護士の冷ややかな声もある。そもそも法曹養成は「公共的」な性格が強いにもかかわらず、実情は法曹養成が「自己責任」とされていることへの不信も強い。

出身の法科大学院にお世話になった、良い体験をしたとの意識もあり、法科大学院修了生の実情を考慮しない法科大学院批判には抵抗もあるなど、法科大学院及び同制度への思いは複雑である。

一〇　司法修習について

増員するなら司法修習の期間を延ばす必要があるのに、逆に修習期間が短縮されたことにより、実務的な実力（力量）不足を招いている。実務修習の不十分さを感じている若手弁護士は多いのではないか。旧試世代には、二年間の修習により何とか弁護士としてのスタートが切れたという実感が少なくなかった。

旧試世代それも二年修習の世代にとって、給費をうけた上での二年間の修習は大変ありがたかった。裁判官、検察官ではなく弁護士になる者にも、この職業の「公益性」（ひいては弁護士法一条の存在理由）を理解する重要な契機となっていた。

二年修習世代は、一年四ヶ月の実務修習ことに四ヶ月の弁護修習では多くの先輩のお世話になったものである。世話になったから後輩へ恩返しするのが当然であるという意識が、弁護士会の中で自ずと醸成されていたのである。その意味で、司法修習には、法曹養成における伝統的な「文化」としての側面があった。修習期間が二年から一年六ヶ月、そして一年へと短縮に伴い、これが衰弱したことは、後述する世代間の断絶や弁護士会への求心力の低下を招いている一因といえ、大きな問題である。

司法研修所が最高裁の管理下にあることを理由に法科大学院制度の導入を主張する見解もあったが、しかし、この批判は的はずれであった。まず、実務の習得は実務修習が最適であるし、研修所が最高裁の管理下にあるとしても、実務修習を通してそうした管理の実態なり「裁判官の独立」の実相の一端を体験することができ、法曹の独立性を考えるうえで、それ自体貴重な体験であった。また、二年修習時代には、研修所における前期と後期の修習が各四か月あり、各クラスより選出されたクラス連絡委員がクラス連絡委員会（クラ連）を構成し、研修所当局と折衝するなど、修習生による「自治」が存在したのである。

一一　法曹養成制度の再「改革」に向けて――「対話」の必要性

法科大学院の実情を最も分っているのは、法科大学院に関わった研究者教員、実務家教員そして法科大学院修了の若手弁護士である。国民のための法曹養成という観点や法曹志望者の視点から法科大学院制度の再「改革」を議論するためには、こうした法科大学院に「関わった人々」が声をあげることが必要である。

法科大学院で教員を務めた研究者あるいは認証評価等で文科省の官僚らと折衝した経験のある研究者の方々は、文科省の管理、統制や制度の矛盾、欠陥を痛いほどよく知っているはずであり、再「改革」に向けた議論をするために、そうした実情を明らかにする責任があると思う。

日弁連が「司法改革」運動をすすめる中、トップダウンの傾向が強まり、「会内合意の形成」が軽視されていった。この間の司法改革の評価を巡り会員間に厳しい意見の対立が生じ、会内世論の分裂が生じた。

これに加えて、法科大学院制度の創設というドラスティックな「改革」により、旧試世代と法科大学院世代との世論の分裂、世代間の分断の兆しが見られることは憂うべきことである。

法科大学院世代の若手弁護士には、法科大学院及び同制度に複雑な思いがあると思われるが、個人的な心情は一旦脇において、法律専門家としての立場から、法科大学院制度の実情や問題点を語ってもらいたいし、また、法曹をあきらめた同窓生のためにも彼らを代弁して語る責任があるように思う。

そして、法科大学院の実情について疎い旧試時代の弁護士は、そうした諸実情を十分に理解したうえで、法科大学院世代と再「改革」に向けた「対話」をすべきであると思う。私たちが避けなければならないのは、法科大学院世代と旧試世代とが「対話」を欠いた結果としての世代間の分断、分裂なのである。

（注一）適性試験の志願者数は、二〇〇三年に約五万人（大学入試センター三万九三五〇人、法務研究財団二万四三人）であったものが、二〇一一年（同年より統一適性試験）は七八二九人、二〇一二年は六四五七人、二〇一三年は五三七七人、二〇一四年は四四〇七人、二〇一五年は三九二八人と毎年減少している。また、受験者数の実人数は、二〇一一年の七二四九人から二〇一五年の三六二一人へと半減している。

（注二）総定員、実入学者数、定員充足率の推移は（表1）のとおりである。二〇一六年度の入学者は、一八五七人と過去最低を更新し、学生を募集した四五校のうち、入学定員を満たしたのは一橋大学と甲南大学の二校にとどまったという。

（注三）戒能通厚「法科大学院と法曹養成制度をいま、問い直す」『日民協第四三回司研集会特集』法と民主主義二〇一二年二月号六頁。戒能通厚「孤独なひとり芝居から希望の持てる協働の場へ」『日民協第六回司研集会特集』法と民主主義二〇一五年一二月号二〇頁以下。後者の特集でも司法修習生や若手弁護士の窮状が報告されている。

（注四）法曹養成制度関係閣僚会議の後継組織として二〇一三年九月に設置された法曹養成制度改革推進会議（以下、推進会議）は、顧問会議における議論や法曹人口調査報告書並びに法務省設置の「法曹有資格者の活動領域の拡大に関する有識者懇談会」における議論等に基づいて、二〇一五年六月三〇日、「法曹養成制度改革の更なる推進について」を決定した。

（注五）推進会議決定は、二〇一八年度を目途に共通到達度確認試験を本格実施に移すことや大学院への早期卒業・飛び入学制度を活用して学部三年・法科大学院二年（既修コース）の五年コースの確立・充実を推進することを提言する。

（注六）推進会議決定を受けて、中教審の法科大学院特別委員会は、二〇一五年一一月二四日「法曹人口の在り方に基づく法科大学院の定員規模について」と題する提言を取りまとめ、定員規模を「当面二五〇〇人程度」とした。これは、推進会議決定が合格者数について、「これまで直近でも一八〇〇人程度の有為な人材が輩出されてきた現状を踏まえ、……一五〇〇人程度は輩出されるよう必要な取組を進め、……今後もより多くの法曹が輩出され、活躍する状況になることを目指すべきである」としたことを受けて、累積合格率等を逆算して算出したものである。

（注七）法科大学院は本当に必要だったのか。法科大学院を希求する議論の主要な系譜として、法曹人口増員論、大学教育論そして司法研修所廃止論からのアプローチがあった。森山文昭「法科大学院の抱える問題点と改革の方向」『司法崩壊の危機』（二〇一三年六月花伝社）六五頁以下。

（注八）中教審の動きなどは、ここでは省略した。

（注九）司法制度改革審議会意見書の公表（二〇〇一年六月一二日）後の大量増員政策が実施された二〇〇二年以降の司法試験合格者数の推移は、（表2）のとおりである。

（注一〇）司法試験制度改革論議以降の法曹人口、法曹養成問題を簡略に整理したものとして拙稿「司法制度改革の歴史を振り返る」『平和と人権の時代を拓く』（青年法律家協会弁護士学者合同部会編（二〇〇四年三月日本評論社）三一九頁以下。

（注一一）規制緩和に適合的な司法制度改革を求める動きは、経済同友会の提言「現代日本の病理と処方～個人を活かす社会の実現に向けて～」（一九九四年六月）により本格化した。この文書は、司法はグローバル化が進む中で国際間の交渉や問題解決を透明・公正化するため重要であるとして、法曹人口の大幅増員、法曹養成制度の改革などをあげるとともに、その具体的方針として、早急に司法改革推進審議会（仮称）を設置することを提案した。

（注一二）日弁連の「司法改革」運動の歴史を詳細に振り返りつつ、合格者三〇〇〇人と法科大学院創設に向けた「熱狂と暴走」

であったと指摘するのは鈴木秀幸「司法のあり方と適正な弁護士人口政策」『司法改革の失敗』鈴木秀幸・武本夕香子・鈴木博之・内田正俊・松浦武（二〇一二年四月花伝社）一三頁以下。

（注一三）アメリカの実情として、高騰する授業料、ロースクール生の抱える高額の借金、法律家としての就職率の低下、ロースクールへの志願者の減少、格付け競争のもたらした虚偽の数字操作……。ここ数年の間に暴露されつつあるアメリカ・ロースクールの危機的状況を、ロースクール学長を務めた著者が、自らの体験を踏まえて怒りを持って告発する著作としてタマナハ著（樋口和彦、大河原眞美共訳）『アメリカ・ロースクールの凋落』（二〇一三年四月花伝社）。

（表1）

	総定員	実入学者数	定員充足率
2004年度(H16)	5,590人	5,767人	1.03
2005年度(H17)	5,825人	5,544人	0.95
2006年度(H18)	5,825人	5,784人	0.99
2007年度(H19)	5,825人	5,713人	0.98
2008年度(H20)	5,795人	5,397人	0.93
2009年度(H21)	5,765人	4,844人	0.84
2010年度(H22)	4,909人	4,122人	0.83
2011年度(H23)	4,571人	3,620人	0.79
2012年度(H24)	4,484人	3,150人	0.70
2013年度(H25)	4,261人	2,698人	0.63
2014年度(H26)	3,809人	2,272人	0.596
2015年度(H27)	3,169人	2,201人	0.694
2016年度(H28)	2,724人	1,857人	0.681

（表2）

2002年	（57期）	1183人	
2003年	（58期）	1170人	
2004年	（59期）	1483人	
2005年	（現行60期）	1464人	
2006年	（新60期）	（1009人）	合計1558人
	（現行61期）	（549人）	
2007年	（新61期）	（1851人）	合計2099人
	（現行62期）	（248人）	
2008年	（新62期）	（2065人）	合計2209人
	（現行63期）	（144人）	
2009年	（新63期）	（2043人）	合計2135人
	（現行64期）	（92人）	
2010年	（新64期）	（2074人）	合計2133人
	（現行65期）	（59人）	
2011年	（新65期）	2069人（旧試験6人を含む）	
2012年	（新66期）	2102人	
2013年	（新67期）	2049人	
2014年	（68期）	1810人	
2015年	（69期）	1850人	

（※　司法試験に合格した年を基準にしたものであり、司法修習終了の年は翌年以降となる。）

おわりに

青年法律家協会弁護士学者合同部会　司法問題対策委員会委員長　米倉　勉

本書は、当部会の機関誌である『青年法律家』の連載「ロースクールの実情と法曹養成」に掲載された体験記に加えて、渡部容子さん、永山茂樹さん、立松彰さん（掲載順）の各氏に書き下ろしてもらったものをまとめたものである。

この本が生まれたきっかけは、法科大学院出身の若い弁護士や修習生と接することだった。彼・彼女らの多くが、人の力になりたいという高い志を持ち、社会活動の夢を語りながらも、就職難の中で、負担している債務返済への不安に怯えていた。問題の根源を考えれば、法曹養成制度の矛盾に行き着く。

法曹を育てるといいながら、司法修習生の給与を貸与制にして、これまでは修習生に給付していたお金を法科大学院の助成金に回す。法科大学院に行くための学費や生活費に加えて、合格してもお金がかかる。これは大変な事態であろう。しかも、この制度には法曹人口の大量増員という無謀な企てがセットになっている。法律家を目指す学生にとって、経済的負担のゆえに門戸が狭くなるだけでなく、法律家としてのスタートから借金返済の負担を負わせるのは、若者らしい自由と覇気を奪い、委縮させてしまう。これは、取り返しのつかない事態を招くのではないか。

こういった状況に問題を感じ、若手弁護士の実情を広く伝えるとともに、世代の垣根をこえて法曹養成問題について語り合う素材として本書はできあがった。

法曹界について理解の深い花伝社の協力がなければ本書は世に出ることはなかった。代表の平田勝氏に厚くお礼申し上げたい。

【プロフィール】

渡部容子（わたなべ・ようこ）

中央大学法学部卒業後、2008年、中央大学法科大学院修了、同年、司法試験合格、東京修習。2009年、弁護士登録。2010年、ビギナーズ・ネット設立。日弁連司法修習費用給費制存続緊急対策本部事務局員。2013年、司法修習生の給費制廃止違憲訴訟を全国各地で提起、共同弁護団長を務める。

永山茂樹（ながやま・しげき）

一橋大学法学部、同大学院博士後期課程修了。東海大学法科大学院教授（憲法学）。

立松　彰（たてまつ・あきら）

早稲田大学法学部卒業後、1984年、司法研修所入所（38期）。1986年、千葉県弁護士会登録。現在、千葉県弁護士会所属。酒井正利法律事務所所属。弁護士会では、法曹人口・法曹養成制度検討委員会副委員長、日本司法支援センター対策委員会委員長をつとめる。共著に『司法崩壊の危機』、『マスコミが伝えない裁判員制度の真相』（ともに花伝社）がある。

青年法律家協会弁護士学者合同部会（青法協）

青法協は、「憲法を擁護し、平和と民主主義および基本的人権を守ることが目的」（規約2条）として1954年に創立されたわが国最大の法律家団体である。会員は弁護士、学者、司法修習生などから構成され、会員数は約2500名。会員の自由な活動を完全に保障するゆるやかで幅広い組織体である。
〒160-0004　東京都新宿区四谷2-2-5 小谷田ビル5F
TEL 03-5366-1131　FAX 03-5366-1141
メール　bengaku@seihokyo.jp

法科大学院はどうなる——若手弁護士の声

2016年6月25日　初版第1刷発行

編著 ——— 渡部容子　永山茂樹　立松彰
編者 ——— 青年法律家協会弁護士学者合同部会
発行者 ——— 平田　勝
発行 ——— 花伝社
発売 ——— 共栄書房
〒101-0065　東京都千代田区西神田2-5-11 出版輸送ビル2F
電話　03-3263-3813
FAX　03-3239-8272
E-mail　kadensha@muf.biglobe.ne.jp
URL　http://kadensha.net
振替　00140-6-59661
装幀 ——— 佐々木正見
印刷・製本 ——— 中央精版印刷株式会社

ISBN 978-4-7634-0783-2 C0036